JN119298

六訂版

企業の保険
をめぐる税務

税理士
中村 慈美

税理士
樋口 翔太

[共著]

一般財団法人 大蔵財務協会

改訂のことば

　平成30年9月に五訂版を刊行してから4年が過ぎました。その間の令和元年にそれまでは個別通達・文書回答でその取扱いが明らかにされていた長期平準定期保険等の第一分野保険やがん保険・医療保険等の第三分野保険について、現状に沿った取扱いを示し、パブリック・コメントを経た上で、法人税基本通達にその内容を取り込む重要な改正が行われています。

　また、会社役員賠償責任保険についても、改正会社法の施行に伴い新たな取扱いが明らかにされています。

　保険商品は、保険契約者等の必要に応じ、多種多様の内容になっていますが、それら商品の税務上の取扱いは、基本的には本書で取り上げたものが前提となっていると考えられますので、その理解が本書で取り上げなかった商品の取扱いの参考になると考えています。また、新商品にあっても同様に、保険商品名が類似しているなどといった安易な発想ではなく、本書で取り上げた保険商品の取扱い、解約返戻金等の原資となる前払保険料の構成などを考慮した取扱いを理解することで対応可能と考えています。

　今回の改訂に当たっては、本書が、企業の保険をめぐる税務上の取扱いに関する基本書として活用されるよう、新たな取扱いの解説と設問を加筆するとともに、読者からの指摘、質問のあった項目について見直しを行いました。

　なお、今回の改訂版から共同執筆者が新進気鋭の樋口翔太税理士に代わることになりました。初版から前版までの刊行に共同執筆者とし

て尽力してくれた妻中村直美には、この場を借りて深謝申し上げます。

令和4年2月

著　　　者

は し が き

　現在、多くの企業等が人的資産である役員又は従業員を被保険者とした生命保険契約に加入したり、物的資産である建物や機械装置等を対象とする損害保険契約に加入して、企業を取り巻くリスクの回避を図っているところです。

　また、このリスクの回避というニーズ等に応えるべく、保険会社からも各種保険商品がぞくぞくと販売されているところです。

　これら保険商品に関する解説書等も数多く刊行されていますが、本書では、著者が国税庁在職中に「逓増定期保険」通達等の解説を兼ねて、平成8年10月に編集した小冊子「生命保険をめぐる税務」（大蔵財務協会）に加筆訂正を行うとともに、その後明らかにされた「がん保険」、「払済保険」、「団体信用生命保険」及び当時は登載しなかった各種損害保険契約等や日本版401Ｋである「確定拠出年金」を加え、企業が契約者・掛金の拠出者等である場合のこれら生命保険契約・損害保険契約・年金をめぐる法人税法上の取扱いを中心に、コンパクトにまとめて解説等を行いました。

　本書の構成は、理解しやすくするため、できる限り解説と設問をセットにするとともに、解説には根拠となる法令通達等を、設問には具体的な経理例を記載してみました。

　しかしながら、コンパクトであるため、気軽に読んでいただける反面、踏み込んだ説明に欠ける個所もあるかと思いますが、この点につきましては、今後読者の皆様からのご叱正を頂きたいと考えております。

最後に、本書が企業の経理担当者や職業会計人、あるいはファイナ
ンシャルプランナー等、保険に携わる方々のお仕事に少しでもお役に
立てば、著者としてこれに勝る喜びはありません。

平成17年7月

著　　者

〔目　次〕

第1　養老保険、定期保険及び第三分野保険等

第2　長期損害保険等

第3　個人年金保険

第4　会社役員賠償責任保険

第5　令和元年改正前の定期保険及び第三分野保険に係る取扱い

第6　確定拠出年金

第1 養老保険、定期保険及び第三分野保険等

　本項の取扱いは、令和元年の通達改正（令和元年6月28日課法2－13他「法人税基本通達等の一部改正について（法令解釈通達）」）を反映したものであり、令和元年7月8日以後（後記(2)ニについては、令和元年10月8日以後）の契約に係る定期保険及び第三分野保険の保険料について適用されます（同法令解釈通達別紙第1「二　経過的取扱い」前段）。

　なお、同日前の契約に係る定期保険及び第三分野保険の保険料については、令和元年の通達改正前の取扱いが適用され（同法令解釈通達別紙第1「二　経過的取扱い」後段）、その取扱いについては、後記第5を参照してください。

1　支払保険料の取扱い

(1)　養老保険

　養老保険は、被保険者が保険期間中に死亡したときには死亡保険金が支払われ、また、保険期間満了時に生存しているときにはいわゆる満期保険金（生存保険金）が支払われますので、万一の場合の保険と貯蓄の二面性を保有している生命保険（生死混合保険）です。このため、その保険料は、①死亡保険金の支払財源になる危険保険料、②満期保険金の支払財源となる積立保険料及び③新規の募集費用等の事業運営費に充てられる付加保険料の三つで構成されています。

　そこで、法人が自己を保険契約者とし、役員又は使用人（これらの者の親族を含む。）を被保険者とする養老保険に加入した場合には、特

約に係る保険料を除き、保険金の受取人が誰であるかによって次のとおり取扱いが異なることになります（法基通9－3－4）。

イ　死亡保険金及び満期保険金の受取人が法人である場合

死亡保険金及び満期保険金の受取人がいずれも法人である場合には、保険事故の発生（死亡又は満期）により契約者である法人が必ず保険金を収受できるほか、保険期間の中途で保険契約を解約したときには、原則として解約返戻金がありますので、支払保険料の額は保険事故の発生又は保険契約の解約若しくは失効により保険契約が終了するまで資産計上することになります（法基通9－3－4⑴）。

ロ　死亡保険金及び満期保険金の受取人が被保険者又はその遺族である場合

死亡保険金及び満期保険金の受取人が被保険者又はその遺族である場合には、保険事故の発生（死亡又は満期）により被保険者又はその遺族が必ず保険金を収受できることから、支払保険料の額は、法人が被保険者である役員又は使用人に対して給与を支給したものとして取り扱われます（法基通9－3－4⑵）。

この場合、法人がその支払保険料を経常的に、例えば、1月以下の一定の期間ごとに負担するときには定期の給与（役員にあっては定期同額給与）として取り扱われますので、役員分については過大報酬にならない限り損金の額に算入されます（法法34）。また、一時払の保険料である等臨時的に負担する場合には、賞与として取り扱われますので、役員分については定期同額給与に該当せず損金不算入となります（法基通9－2－11⑸）。

なお、法人が負担した養老保険の保険料の額は、所得税法上も給

与として課税されます（所基通36-31）が、役員又は使用人のために負担する保険料等の合計額が月額300円以下の少額である場合には、所得税は課税されません（所基通36-32）。

ハ 死亡保険金の受取人が被保険者の遺族、満期保険金の受取人が法人である場合

死亡保険金の受取人が被保険者の遺族で、満期保険金の受取人が法人である場合には、満期保険金に係る保険料の額は、満期保険金を収受する蓋然性が高いことから資産計上し、死亡保険金に係る部分は期間の経過に応じて福利厚生費として損金の額に算入することとされています。ただし、役員又は部課長その他特定の使用人（これらの者の親族を含む。）のみを被保険者としている場合には、その死亡保険金に係る保険料の額は、同人に対して経済的な利益を与えるものとして給与として取り扱われることになります。

この場合、資産計上する金額は、簡便的に支払保険料の額の2分の1とされています（法基通9-3-4(3)）。

なお、一時払等であるときは、福利厚生費となる部分は期間の経過に応じて福利厚生費として損金の額に算入されますが、一時払等した保険料が払込日から1年以内に到来する保険期間に係るものである場合には、継続適用を要件にその支払事業年度の損金の額に算入することが認められます（法基通2-2-14）。

二 死亡保険金の受取人が法人、満期保険金の受取人が被保険者である場合（逆パターン養老保険）

死亡保険金の受取人が法人で、満期保険金の受取人が被保険者である場合の養老保険に係る保険料の税務上の取扱いについては、モ

ラルリスクの観点から販売を想定していなかったことから通達等において も明示されてきませんでした。

　しかし、いわゆる「逆パターン」の養老保険について、役員個人 の生命保険料控除に関する判決（平22.12.21福岡高裁平22（行コ）12、 平24.1.16最高裁平23（行ヒ）104）等により、その存在が明らかにな っていることから、この契約形態の保険料の取扱いを念のため考え ておくことにします。

　このいわゆる「逆パターン」の養老保険の保険料については、満 期保険金に係る保険料の額は満期保険金を収受する蓋然性が高く、 その受取人が被保険者であることから、被保険者たる役員又は使用 人に対する給与を支給したものとされ、残額の死亡保険金に係る保 険料は、期間の経過に応じて損金の額に算入されるものと思われま す。

　この場合、役員又は使用人に対する給与を支給したものとされる 額は、上記ハと同様、支払保険料の2分の1と考えられます。

1 養老保険の保険料の経理処理

Q　当社が自己を契約者とし、その役員又は使用人を被保険者とする養老保険に加入してその保険料を支払った場合における、具体的な経理処理はどのようにすればよろしいでしょうか。

A　保険金の受取人が誰であるかによって取扱いは異なることになります。そこで、毎月の支払保険料の額が10万円という前提で示すと、次のようになります。

① 死亡保険金及び満期保険金の受取人が法人である場合

（借）保険積立金　10万円　　（貸）現金預金　10万円

② 死亡保険金及び満期保険金の受取人が被保険者又はその遺族である場合

（借）給与　　　　10万円　　（貸）現金預金　10万円

③ 死亡保険金の受取人が被保険者の遺族、満期保険金の受取人が法人である場合

a 役員及び使用人の全員を加入させているとき

（借）保険積立金　5万円　　（貸）現金預金　10万円
　　　福利厚生費　5万円

b 役員又は部課長その他特定の使用人のみを加入させているとき

（借）保険積立金　5万円　　（貸）現金預金　10万円
　　　給与　　　　5万円

2 一時払養老保険

> **Q** 　次のような10年満期の養老保険を一時払にした場合、税務上その保険料はどのように取り扱われますか。一時払保険料は1,500万円で、契約日は2月、決算期は3月末です。
>
> ①　契約者…………………法人
>
> ②　被保険者………………役員又は使用人
>
> ③　死亡保険金受取人……被保険者の遺族
>
> ④　満期保険金受取人……法人

A 　質問のような契約形態の場合には、基本的には2分の1が資産計上、2分の1が損金の額に算入されますが、一時払等であるときは、福利厚生費となる部分は期間の経過に応じて福利厚生費として損金の額に算入されます。

　なお、一時払等した保険料が払込日から一年以内に到来する保険期間に係るものである場合は、継続適用を要件にその支払事業年度の損金の額に算入することが認められています（法基通2-2-14）が、質問の場合には10年分の一括払となりますので、この適用を受けることはできません。

当期

（借）保険積立金　7,500,000円　　（貸）現金預金　15,000,000円

前払保険料　7,375,000円

福利厚生費　　125,000円※

$$※1,500万円 \times \frac{1}{2} \times \frac{2 \, ヶ月}{10年 \times 12ヶ月}$$

翌期以降

（借）福利厚生費　750,000円※　（貸）前払保険料　　750,000円

$$※1,500万円 \times \frac{1}{2} \times \frac{12ヶ月}{10年 \times 12ヶ月}$$

3 「逆パターン」養老保険の経理処理

 当社は、被保険者・満期保険金受取人を社長、契約者・死亡保険金受取人を当社、とするいわゆる「逆パターン」養老保険に加入しました。毎月の保険料は20万円です。経理処理はどうなりますか。

① 契約者……………………当社

② 被保険者………………社長

③ 保険料支払者…………当社

④ 死亡保険金受取人……当社

⑤ 満期保険金受取人……社長

 「逆パターン」の場合、満期保険金に係る保険料の額（支払保険料の2分の1相当額）は給与とされ、残額の死亡保険金に係る保険料は、期間の経過に応じて損金の額に算入されるものと思われます。

したがって、質問の場合には、次のような経理処理になります。

（借）　支払保険料　　10万円　　　（貸）　現金預金　　20万円

　　　　役員報酬　　　10万円

⑵　定期保険及び第三分野保険

　定期保険は、一定期間内に被保険者が死亡した場合に保険金が支払われるものをいい、第三分野保険は、次に掲げる事由に関し、一定額の保険金が支払われること又はこれらの事由によって生ずることのある人の損害をてん補することを約して保険料を収受するもの（保険業法3④二）及びこれに類するものをいいます。

①　人が疾病にかかったこと

②　傷害を受けたこと又は疾病にかかったことを原因とする人の状態

③　傷害を受けたことを直接の原因とする人の死亡

④　①又は②に掲げるものに類するものとして一定のもの（人の死亡を除く。）

⑤　①、②又は④に掲げるものに関し、治療（治療に類する行為として一定のものを含む。）を受けたこと

　これらの保険は、いわゆる満期保険金がないことから、保険料は、①死亡保険金の支払財源になる危険保険料（いわゆる掛け捨て保険料）と②新規の募集費用等の事業運営費に充てられる付加保険料から構成されています。

　したがって、法人が支払った定期保険又は第三分野保険（以下「定期保険等」という。）の保険料は、資産計上を行う必要はなく、原則として損金の額に算入することになりますが、役員又は部課長その他特定の使用人（これらの者の親族を含む。）のみを被保険者とする場合には、同人に対して経済的な利益を与えるものとして給与として取り扱われることになります（法基通9－3－5）。

　なお、保険期間が長期にわたる定期保険等（いわゆる長期平準定期保険等）や、保険期間中の保険金が逓増する定期保険等（いわゆる逓増定期保険等）については、毎年の支払保険料が平準化されていることから、保険期間の前半に相当多額の前払保険料が含まれているため、中途解約の場合には多額の解約返戻金が支払われることになり、その支払保険料を単純に損金の額に算入することには課税上の問題があることから、一定の定期保険等については別途取扱い（後記(3)参照）が定められています。

イ　一般定期保険等

　一般定期保険等（後記の他の定期保険等以外の定期保険等）については、原則前述のとおり、期間の経過に応じて単純に損金の額に算入することになりますが、死亡保険金の受取人が被保険者の遺族で、その契約が役員又は部課長その他特定の使用人（これらの者の親族を含む。）のみを被保険者としている場合には、その被保険者に対する給与として取り扱われることになります（法基通9－3－5）。

　つまり、死亡保険金の受取人が法人であれば、一種の金融費用的なものとして、そのまま期間の経過に応じて単純に損金の額に算入することになり、死亡保険金の受取人が被保険者の遺族であれば、原則として役員又は部課長その他特定の使用人（これらの者の親族を含む。）のみを対象としない限り一種の福利厚生費として、そのまま期間の経過に応じて単純に損金の額に算入することになります。

　なお、保険期間が終身であって、保険料の払込期間が有期である第三分野保険について、期間の経過に応じて損金の額にするときは、保険期間の開始の日から被保険者の年齢が116歳に達する日までを

計算上の保険期間とします（法基通9－3－5（注）1）。

（注）　一般定期保険という用語は、以下の「逓減定期保険等」などと区別する意味で、本書上に付したもので一般的な用語ではありません。

ロ　逓減定期保険等

　逓減定期保険等は、保険期間中の保険金額が毎年逓減する定期保険等で各年の支払保険料は平準化しており、期間の経過に伴い必要補償額が減少する住宅ローン等の債務保証などに適しています。法人が支払った逓減定期保険等の保険料の取扱いに関する個別の通達はありませんので、一般定期保険等の取扱いと同様になると思われます。

ハ　団体信用保険

　団体信用保険は、企業の信用販売制度における利用をねらいとしたもので、債権者である信用供与機関（月賦販売会社、銀行等）が債務者の死亡又は高度障害に際して支払われる保険金をもってその債務者に対する賦払債権の回収を確実に行うことを目的とする特殊な団体保険として取り扱われており、税務上の取扱いは次のとおりです。

　①　団体信用生命保険

　　契約者たる月賦販売会社又は銀行等が保険会社に払い込む保険料は、いわゆる債権の保全費用又は販売費用（顧客の借入れについて保証する場合）の性格を有するものと認められ、かつ返戻金のないいわゆる掛捨てであることから、単純な期間費用として損金算入が認められます。

　　また、契約上被保険者たる顧客が負担することとしている保

険料を月賦販売会社又は銀行等が負担することとしている場合においても、実質的には売買金額に変形して回収しているということもできるので、寄附金又は交際費に該当せず、同様に損金算入が認められます。

　なお、債権者たる月賦販売会社又は銀行等が保険金受取人になっていることは、実質的には顧客が受取人となっている保険金請求権上に質権を設定し、これに基づいて本来の弁済を受けるものと解することや、保険会社から契約に基づいて代位弁済を受けるものと解することもできることから、この場合の顧客に対する債務免除について、貸倒れの判定は要しないことになり、月賦販売会社又は銀行等が受け取った保険金は、益金とする必要はなく、単に入金処理することになります（昭和44年 5月26日官審（法）34他）。

② 　付保範囲が融資前に拡大している団体信用生命保険

　住宅の建築請負契約又は売買契約を締結した個人が、金融機関等からの融資が実行される前に死亡等した場合に、保険金をもって報酬支払債務又は代金支払債務の残額に充てることを目的として、団体信用生命保険の付保範囲が拡大している場合には、契約者たる住宅建築会社、住宅販売会社又は保証会社が保険会社に払い込む保険料は、いわゆる販売費用の性格を有するものと認められ、かつ、返戻金のない掛捨てであることから、単純な期間費用として損金算入が認められます。

　また、契約上被保険者たる顧客が負担することとしている保険料を住宅建築会社又は住宅販売会社が負担することとしてい

る場合においても、実質的には請負金額又は売買金額に変形して回収しているということもできるので、寄附金又は交際費に該当せず、同様に損金算入が認められます。

　住宅建築会社又は住宅販売会社が保険会社から受け取る保険金又は保証会社から受け取る保証金は、建築請負契約又は売買契約に係る収入金額となり、保証会社が保険会社から受け取る保険金及び住宅建築会社又は住宅販売会社に支払う保証金は、保証契約に係る収入金額及び支出金額となります。したがって、顧客に対する債務免除について、寄附金等の問題は生じません（平成15年2月26日東京国税局文書回答）。

③　団体信用生命保険がん診断給付金特約について

　契約者たる月賦販売会社又は銀行等が保険会社に払い込む特約の保険料は、主契約の保険料と同様に、単純な期間費用として損金算入が認められます。

　なお、債権者たる月賦販売会社又は銀行等が受け取った給付金は、主契約と同様に、益金とする必要はなく、単に入金処理することになります（平成16年12月17日東京国税局文書回答）。

二　解約返戻金相当額のない短期払の定期保険等

　法人が支払った一般定期保険等に係る保険料の額は、前記イのとおり、原則として、期間の経過に応じて損金の額に算入することになりますが、事務負担の配慮から、法人が保険期間を通じて解約返戻金相当額のない短期払の定期保険等（ごく少額の払戻金のある契約を含む。）に加入した場合において、一の被保険者につきその事業年度に支払った保険料の額が30万円以下であるものについては、そ

の支払った日の属する事業年度の損金の額に算入しているときには、その処理が認められます（法基通9－3－5（注）2、「定期保険及び第三分野保険に係る保険料の取扱いに関するFAQ」［Q15］）。

　ただし、役員又は部課長その他特定の使用人（これらの者の親族を含む。）のみを被保険者としている場合及び保険料払込期間中には解約返戻金相当額がないものの、払込期間終了以後には解約返戻金相当額がある商品の場合は、この取扱いの対象とはなりません（法基通9－3－5（注）2、同FAQ［Q16］前段）。

　なお、ごく少額の払戻金のある契約とは、支払保険料の額や保障に係る給付金の額に対する割合などを勘案して個別に判断することになりますが、一般的には、払戻金が入院給付金日額などの基本給付金額（5千円～1万円程度）の10倍としている商品は、ごく少額の払戻金のあるものに該当すると考えられます（同FAQ［Q16］後段）。

4 一般定期保険等の保険料の経理処理

> **Q**　当社は、自己を契約者として毎月の支払保険料が10万円の定期保険に加入しようと思います。死亡保険金の受取人が次の場合の支払保険料の経理処理を教えてください。
>
> なお、この定期保険は、解約返戻金がないものです。
>
> ①　当社（法人）
>
> ②　被保険者の遺族
>
> ③　被保険者の遺族（特定の者のみを対象とした場合）

A　解約返戻金がない定期保険の保険料の中身は、いわゆる掛け捨ての危険保険料と付加保険料のみから成っていますので資産計上を行う必要はなく、法人の単純損金となるか、又は、特定の者に経済的な利益をもたらすものとして被保険者に対する給与となるかのいずれかになります。

①　死亡保険金の受取人が当社（法人）の場合

　　（借）支払保険料　10万円　　（貸）現金預金　10万円

②　死亡保険金の受取人がその被保険者の遺族の場合

　　（借）福利厚生費　10万円　　（貸）現金預金　10万円

③　死亡保険金の受取人がその被保険者の遺族の場合（特定の者のみを対象とした場合）

　　（借）給与　　　　10万円　　（貸）現金預金　10万円

5 団体信用生命保険の税務上の取扱い

Q 　当社（住宅販売会社）では、契約者を当社、被保険者を買主、保険金受取人を保険契約者とする団体信用生命保険に加入しておりますが、この場合の保険料はどのように取り扱われますか。また、買主が売買契約を締結した後、融資が実行されるまでの間に死亡した場合に受け取る保険金はどのように取り扱われますか。

A 　① 保険料について

　住宅販売会社が保険料を払い込む場合には、いわゆる債権の保全費用又は販売費用の性格を有するものと認められ、かつ、返戻金のない掛捨てであるため、単純な期間費用として損金算入が認められます。

　また、契約上被保険者たる買主が負担することとしている保険料を住宅販売会社が負担することとしている場合においても、実質的には売買金額に変形して回収しているということもできるため、寄附金又は交際費に該当せず、同様に損金算入が認められます。

② 保険金等について

　融資が実行される前に買主が死亡した場合には、住宅販売会社が保険会社から受け取る保険金又は保証会社から受け取る保証金は、売買契約に係る収入金額になります。

　また、保証会社が保険会社から受け取る保険金及び住宅販売会社に
支払う保証金は、保証契約に係る収入金額及び支出金額になります。

　したがって、買主に対する債務免除について、寄附金等の問題は生
じません。

6　解約返戻金のない定期保険等の取扱い

> **Q**　当社は、自己を契約者として一の被保険者の支払保険料が20万円の次の内容の定期保険に加入しようと思います。この保険は掛捨てで、解約返戻金がありません。この場合には、経理処理はどのようになるのでしょうか。
>
> ①　契約者………………当社（法人）
>
> ②　被保険者……………役員又は使用人
>
> ③　保険金受取人………当社（法人）
>
> ④　保険期間……………5年
>
> ⑤　保険料払込期間………一時払い

A　契約者である法人が支払った定期保険等に係る保険料は、原則として、期間の経過に応じ損金の額に算入することになりますが、その保険が保険期間を通じて解約返戻金相当額のない短期払の定期保険等である場合において、一の被保険者につきその事業年度に支払った保険料の額が30万円以下であるものについては、その支払った日の属する事業年度の損金の額に算入することができます。

したがって、質問の場合には、次のような経理処理になります。

（借）支払保険料　　20万円　　　　（貸）現金預金　　20万円

(3)　定期保険及び第三分野保険の特例

　法人が支払った定期保険等に係る保険料の額は、前記(2)イのとおり、原則として、期間の経過に応じて損金の額に算入することになりますが、保険期間が長期であるものや保険期間中に保険金額が逓増するものなどは、その保険期間前半の保険料の中に相当多額の前払保険料部分が含まれており、中途解約をするとその前払保険料部分の多くが返戻されることから、前記(2)イの取扱いをそのまま適用することが相当ではないため、支払った保険料のうち一定の金額を資産として計上することになります。具体的な取扱いは、次のとおりです。

イ　定期保険等の保険料に相当多額の前払部分の保険料が含まれる場合の取扱い

　法人が、自己を契約者とし、役員又は使用人（これらの者の親族を含む。）を被保険者とする保険期間が3年以上の定期保険等で、その保険期間を通じて解約返戻率（保険契約時において契約者に示された解約返戻金相当額について、それを受けることとなるまでの間に支払うこととなる保険料の額の合計額で除した割合をいう。）が最も高い割合となる期間におけるその割合（以下「最高解約返戻率」という。）が50％を超えるものに加入して、その保険料を支払った場合には、その保険料の額（特約に係る保険料を除く。）のうち、その事業年度に対応する部分の金額（以下「当期分支払保険料の額」という。）については、次表の区分に応じ、それぞれ次により取扱うことになります（法基通9－3－5の2）。

①　その事業年度に次表の資産計上期間がある場合には、当期分支払保険料の額のうち、次表の資産計上額の欄に掲げる金額（当期

分支払保険料の額に相当する額が限度となる。）は資産に計上し、残額は損金の額に算入します。

　なお、事業年度の中途で資産計上期間が終了する場合の資産計上額は、当期分支払保険料の額をその事業年度の月数で除して、その事業年度に含まれる資産計上期間の月数（1月未満の端数切り捨て）を乗じて計算した金額により計算します。また、その事業年度の中途で資産計上額の欄の「保険期間の開始の日から、10年を経過する日」が到来する場合の資産計上額についても、同様となります。

②　その事業年度に次表の資産計上期間がない場合（その事業年度に次表の取崩期間がある場合を除く。）には、当期分支払保険料の額は、損金の額に算入します。

③　その事業年度に次表の取崩期間がある場合には、当期分支払保険料の額（①により資産に計上することとなる金額を除く。）を損金の額に算入するとともに、①により資産に計上した金額の累積額を取崩期間（その取崩期間に1月未満の端数がある場合には、その端数を切り上げる。）の経過に応じて均等に取り崩した金額のうち、その事業年度に対応する金額を損金の額に算入します。

区分	資産計上期間	資産計上額	取崩期間
最高解約返戻率50%超70%以下	保険期間の開始の日から、保険期間の100分の40相当期間を経過する日まで	当期分支払保険料の額に100分の40を乗じて計算した金額	保険期間の100分の75相当期間経過後から、保険期間の終了の日まで
最高解約返戻率70%超85%以下		当期分支払保険料の額に100分の60を乗じて計算した金額	
最高解約返戻率85%超	保険期間の開始の日から、最高解約返戻率となる期間（その期間経過後の各期間において、その期間における解約返戻金相当額からその直前の期間における解約返戻金相当額を控除した金額を年換算保険料相当額（保険料の総額を保険期間の年数で除した金額をいう。）で除した割合が100分の70を超える期間がある場合には、その超えることとなる期間）の終了の日まで	当期分支払保険料の額に最高解約返戻率の100分の70（保険期間の開始の日から、10年を経過する日までは、100分の90）を乗じて計算した金額	解約返戻金相当額が最も高い金額となる期間（資産計上期間が5年未満となる場合には、保険期間の開始の日から、5年を経過する日まで（保険期間が10年未満の場合には、保険期間の開始の日から、保険期間の100分の50相当期間を経過する日まで）の期間）経過後から、保険期間の終了の日まで

　ただし、最高解約返戻率85%超の場合における資産計上期間につ

いて、この表で計算した結果が5年未満となる場合には、5年（保険期間が10年未満の場合には、保険期間の100分の50相当期間の年数）となります（法基通9－3－5の2表（注））。

　また、最高解約返戻率が70%以下で、かつ、年換算保険料相当額（一の被保険者につき2以上の定期保険等に加入している場合には、それぞれの年換算保険料相当額の合計額）が30万円以下の保険に係る保険料を支払った場合については、前記(2)イ又はニの取扱いの例によることになり、保険金又は給付金の受取人が被保険者又はその遺族である場合であって、被保険者が役員又は部課長その他特定の使用人（これらの者の親族を含む。）のみである場合には、その支払った保険料は、その役員又は使用人に対する給与として取り扱われることになります（法基通9－3－5の2ただし書、（注）6）。

　なお、この表の「最高解約返戻率85%超」区分における、資産計上期間欄の「最高解約返戻率となる期間」及び「100分の70を超える期間」並びに取崩期間欄の「解約返戻金相当額が最も高い金額となる期間」が複数ある場合には、いずれもその最も遅い期間がそれぞれの期間となります（法基通9－3－5の2（注）3）。

　また、保険期間とは、保険契約に定められている契約日から満了日までをいい、その保険期間の開始の日以後1年ごとに区分した各期間で構成されているものとしてこの取扱いが適用され、保険期間が終身である第三分野保険については、保険期間の開始の日から被保険者の年齢が116歳に達する日までが計算上の保険期間となります（法基通9－3－5の2（注）1ニ、2）。

ロ　契約内容の変更があった場合の取扱い

　前記**イ**の取扱いは、保険契約時の契約内容に基づいて適用される ため、その契約内容の変更があった場合には、保険期間のうちその 変更以後の期間においては、変更後の契約内容に基づいた取扱いが 適用され、その契約内容の変更に伴い、責任準備金相当額の過不足 の精算を行う場合には、その変更後の契約内容に基づいて計算した 資産計上額の累積額と既往の資産計上額の累積額との差額について 調整を行うことになります（法基通 9 － 3 － 5 の 2（注）5 ）。

　なお、「契約内容の変更」とは、原則として、解約返戻率の変動 を伴う払込期間の変更や保険期間の変更などが該当しますが、払込 方法の変更や保険金額の減額などは、「契約内容の変更」には該当 しないことになります（「定期保険及び第三分野保険に係る保険料の取 扱いに関するFAQ」［Q11］）。

　また、契約の転換、払済保険への変更もこの「契約内容の変更」 としては、取り扱われないことになります（同FAQ［Q11］）。契約 の転換等については、後記 **2** を参照してください。

（注）　令和元年 7 月 8 日（前記(2)ニについては、令和元年10月 8 日）前 の契約に係る定期保険等の保険料については、同日以後に「契約内 容の変更」があった場合であっても、この取扱いは適用されないこ とになります（同FAQ［Q13］）。

7 定期保険の特例に係る保険料の税務処理

 当社は、自己を契約者として毎月の保険料が10万円で、保険期間20年の定期保険に加入しようと思います。死亡保険金の受取人が次の場合の支払保険料の経理処理を教えてください。

なお、この定期保険は、解約返戻金があるもので、最高解約返戻率は60%です。

① 当社（法人）

② 被保険者の遺族

③ 被保険者の遺族（特定の者のみを対象とした場合）

 定期保険であっても、保険期間が3年以上、かつ、最高解約返戻率が50%超の場合には、支払う保険料の中に相当多額な前払部分が含まれていることから、死亡保険金の受取人が①当社（法人）又は②被保険者の遺族である場合には、支払保険料の資産計上を行う必要があります。

　資産計上を行う金額及び期間は、最高解約返戻率に応じて定められており、最高解約返戻率が60%（50%超70%以下）の場合には、保険期間の4割に相当する期間（8年目）までは、その事業年度の保険料の4割を資産計上して、残りの6割を損金算入し、その期間経過後から保険期間の7.5割に相当する期間（15年目）までは、その事業年度の保険料の全額を損金算入し、その7.5割に相当する期間経過後から保

険期間終了の日（20年目）までは、その資産計上した金額を残りの期間（5年間）で取崩して、損金算入するとともに、その事業年度の保険料の全額を損金算入することになります。

　また、死亡保険金の受取人が③被保険者の遺族（特定の者のみを対象とした場合）である場合には、資産計上を行う必要はありませんが、その特定の者に対する給与となります。

　具体的な経理処理は次のようになります。

①　死亡保険金の受取人が当社（法人）である場合

8年目まで

　（借）　支払保険　　　6万円　　　　（貸）　現金預金　　　10万円
　　　　　前払保険料　　4万円

9年目から15年目まで

　（借）　支払保険料　10万円　　　　（貸）　現金預金　　　10万円

16年目以降

　（借）　支払保険料　16万4千円　　（貸）　現金預金　　　10万円
　　　　　　　　　　　　　　　　　　　　　　前払保険料　6万4千円

　（注）　100,000円×60％＝60,000円……8年目までの損金の額に算入される支払保険料

　　　　　100,000円×40％＝40,000円……8年目までの前払保険料

　　　　　40,000円×12ヶ月×8年＝3,840,000円……8年間の前払保険料

　　　　　3,840,000円÷（20年－15年）÷12ヶ月＝64,000円……16年目以降の取崩額

$$100,000円 + 64,000円 = 164,000円 \cdots\cdots 16年目以降に損金の額に$$

算入される支払保険料

② 死亡保険金の受取人が被保険者の遺族の場合

8年目まで

（借）	福利厚生費	6万円	（貸）	現金預金	10万円
	前払費用	4万円			

9年目から15年目まで

（借）	福利厚生費	10万円	（貸）	現金預金	10万円

16年目以降

（借）	福利厚生費	16万4千円	（貸）	現金預金	10万円
				前払費用	6万4千円

（注）　各金額の計算方法は、上記①と同様です。

③ 死亡保険金の受取人が被保険者の遺族の場合（特定の者のみを対象とした場合）

（借）	給与	10万円	（貸）	現金預金	10万円

⑷　定期付養老保険等

　定期付養老保険等は、その名称からもわかるように定期保険等と養老保険とが組み合わされた保険です。したがって、法人が自己を保険契約者、役員又は使用人（これらの者の親族を含む。）を被保険者とする定期付養老保険等に加入して保険料（特約に係る保険料を除く。）を支払った場合には、その保険が定期保険等と養老保険とが組み合わされている特殊性を考慮して、その保険料については、定期保険等部分に係る保険料と養老保険部分に係る保険料とが生命保険証券等（生命保険証券、保険料請求書、保険料領収証、保険料区分証明書など）において区分されていることを前提として、①養老保険に係る保険料部分については、養老保険の保険料の取扱いの例により、②定期保険等に係る保険料部分については、定期保険等の保険料の取扱いの例により取り扱われることになります（法基通 9 － 3 － 6 ⑴）。

　つまり、保険金の受取人が誰かによって次のとおり取扱いが異なることになります。

イ　全ての保険金及び給付金の受取人が法人である場合

　養老保険に係る保険料部分については資産計上し、定期保険等に係る保険料部分については、原則として、期間の経過に応じて損金の額に算入されます。

ロ　全ての保険金及び給付金の受取人が被保険者又は遺族である場合

　養老保険に係る保険料部分については、役員又は使用人に対して給与を支給したものとして取り扱われ、定期保険等に係る保険料部分については、原則として、期間の経過に応じて損金の額に算入されますが、役員又は部課長その他特定の使用人（これらの者の親族

を含む。）のみを被保険者としている場合には、その役員又は使用人に対する給与として取り扱われます。

ハ　満期保険金の受取人が法人、死亡保険金その他の給付金の受取人が被保険者又はその遺族である場合

養老保険に係る保険料部分については、その2分の1部分は資産計上、残額部分は期間の経過に応じて損金の額に算入されますが、役員又は部課長その他特定の使用人（これらの者の親族を含む。）のみを被保険者としている場合には、その役員又は使用人に対する給与として取り扱われます。

また、定期保険等に係る保険料部分については、前記ロと同様になります。

なお、定期保険等が前記(3)の取扱いの対象となる保険である場合には、支払保険料のうち、その定期保険等部分に係る保険料については、その取扱いを適用することになります（法基通9－3－6(1)）。

また、支払保険料が定期保険等部分に係る保険料と養老保険部分に係る保険料とに区分されていないときには、その保険料の額の全部が養老保険に係る保険料として取り扱われることになります（法基通9－3－6(2)）。

8 受取人が法人である場合の定期付養老保険

Q　当社は自己を契約者として定期保険と養老保険とが組み合わされた保険（定期付養老保険）に加入しました。死亡保険金及び満期保険金の受取人は法人で支払保険料は10万円、支払保険料の内訳は養老保険部分6万円、定期保険部分4万円で、定期保険部分については、解約返戻金がないものです。この場合の経理処理を教えてください。

① 契約者……………………法人
② 被保険者………………役員又は使用人
③ 死亡保険金受取人……法人
④ 満期保険金受取人……法人

A　定期付養老保険の保険料については①養老保険に係る保険料部分については養老保険の保険料の取扱いの例により、②定期保険に係る保険料部分については、定期保険の取扱いの例により取り扱われます。

　この場合の保険料の受取人は法人ですので次のようになります。

（借）保険積立金　6万円　　（貸）現金預金　10万円
　　　支払保険料　4万円

(5)　終身保険

　終身保険については、保険料が高く、保険金の取得時期も不確定という性格上、法人が加入するということは一般的ではないということなどから、特に通達化はされていませんが、終身保険は、被保険者の終身にわたって、すなわち死亡するまで死亡保障が継続しますので、必ず保険金（終身保険金）が支払われることになります。このため、保険料は、①死亡保険金の支払財源になる危険保険料（必ず支払われる終身保険金の支払財源となるもの）と②新規の募集費用等の事業運営費に充てられる付加保険料とから構成されています。

　したがって、法人が自己を契約者とし、役員又は使用人（これらの者の親族を含む。）を被保険者として支払った終身保険の保険料については、それがいわゆる掛け捨てとなるものではありませんので、養老保険の取扱い（法基通9－3－4の(1)又は(2)のいずれか）と同じ取扱いということになります。

　（注）　終身保険に係る保険料の取扱いは、前述のとおり通達化はされていませんが、終身保険の貯蓄性に鑑みて、法人税基本通達9－3－4(1)の取扱いによると当局者が解説されています（髙橋正朗編著「十訂版法人税基本通達逐条解説」990頁（税務研究会出版局））。

イ　終身保険金の受取人が法人である場合

　終身保険金の受取人が法人である場合には、養老保険における「死亡保険金及び満期保険金の受取人が法人である場合」と同様に、その支払保険料の額は、保険契約が終了するまで資産計上することになります。

ロ 終身保険金の受取人が役員又は使用人の遺族である場合

終身保険金の受取人が役員又は使用人の遺族である場合には、養老保険における「死亡保険金及び満期保険金の受取人が被保険者又はその遺族である場合」と同様に、その支払保険料の額は被保険者である役員又は使用人に対して給与を支給したものとして取り扱われることになります。

なお、法人が負担した終身保険の保険料の所得税法上の取扱いは、養老保険の場合と同様に取り扱われるものと考えられます。

9 終身保険の保険料の経理処理

　　当社では当社を契約者、役員又は使用人を被保険者とする終身保険に加入することを検討しています。この場合、保険金受取人が当社の場合と被保険者又はその遺族の場合とでは、支払保険料の経理処理はどのようになりますか。

　　なお、支払保険料の額は10万円と考えています。

A　　法人が支払った終身保険の支払保険料の取扱いについては、特に通達化はされていませんが、支払保険料が掛捨てとなるものではないことから養老保険と同じ取扱いとなります。

　したがって、経理処理は次のようになります。

①　終身保険金の受取人が法人である場合

　（借）保険積立金　　　10万円　（貸）現金預金　　　10万円

②　終身保険金の受取人が被保険者又はその遺族である場合

　（借）給与　　　　　　10万円　（貸）現金預金　　　10万円

⑹　定期付終身保険

　定期付終身保険とは、終身保険（終身保険金）に定期保険（定期保険の保険期間中の死亡に対する死亡保険金の支払）を上乗せしたもので、被保険者が定期保険の保険期間中に死亡した場合には、終身保険金の５倍、10倍、20倍等といった死亡保険金が支払われます。

　定期付終身保険の保険料の取扱いについては、終身保険の場合と同様に通達化されていませんが、定期付終身保険の保険料が、終身保険に係る保険料部分と定期保険に係る保険料部分とから構成されていますので、定期付養老保険等（法基通９－３－６）の場合の取扱いと同様に、終身保険に係る保険料部分については、養老保険の保険料の取扱い（法基通９－３－４の⑴又は⑵のいずれか）により、定期保険に係る保険料部分については、定期保険の保険料の取扱いにより、それぞれ区分して取り扱うのが合理的と考えられます。

　したがって、①死亡保険金の受取人が法人である場合には、終身保険に係る保険料部分については資産計上、定期保険に係る保険料部分については損金の額に算入することになり、②死亡保険金の受取人が役員又は使用人の遺族である場合には、終身保険に係る保険料部分については役員又は使用人に対する給与、定期保険に係る保険料部分については損金の額に算入することになります。ただし、被保険者を役員又は部課長その他特定の使用人（これらの者の親族を含む。）のみとしている場合には、その保険料は、同人に対して給与を支給したものとして取り扱われます。

　なお、定期保険が前記⑶の取扱いの対象となる保険である場合には、支払保険料のうち、その定期保険に係る保険料部分については、その

取扱いを適用することになります。

　また、保険料の区分が明らかでない保険契約は実務上ないと思われ
ますが、仮に区分が明らかでないものであれば、その全額につき終身
保険の取扱い（法基通9－3－4の(1)又は(2)のいずれか）によらざるを
得ないものと考えます。

10 定期付終身保険の保険料の経理処理

> **Q** 当社は、受取人を当社とする次の定期付終身保険に加入しました。この場合に支払う保険料はどのように取り扱われるのでしょうか。なお、この保険は、解約返戻金のないものです。

保険種類	保険期間	払込期間	保険料額
終身保険	終身	60歳迄	187,000円
定期保険	60歳迄	60歳迄	257,000円
合　計			444,000円

A 定期付終身保険の保険料の取扱いは、終身保険部分と定期保険部分とが区分されている場合には、終身保険に係る保険料については養老保険の保険料の取扱いにより、定期保険に係る保険料については定期保険の保険料の取扱いによりそれぞれ区分して取り扱うことになります。

したがって、質問の場合の終身保険部分については保険金が法人受取ですので全額資産計上となり、定期保険部分については解約返戻金がないことから、一般定期保険等としてその全額が損金の額に算入されます。

（借）保険積立金　187,000円　　（貸）現金預金　444,000円
　　　支払保険料　257,000円

11 解約返戻金のある定期付終身保険の保険料の経理処理

 当社は、翌期首に受取人を当社とする定期付終身
保険への加入を検討しています。定期保険の最高解
約返戻率が80％である場合の取扱いはどのようになるのでし
ょうか（契約年齢50歳）。

保険種類	保険期間	払込期間	保険料額
終身保険	終身	70歳迄	112,000円
定期保険特約	70歳迄	70歳迄	830,000円
合　計			942,000円

 終身保険に係る保険料については、保険金の受取人が法人
であることから全額資産計上することになります。

　定期保険に係る保険料については、保険期間が３年以上であり、最
高解約返戻率が50%を超えるため、定期保険及び第三分野保険の特例
が適用されることになります。

　また、この定期保険は、最高解約返戻率が70%超85%以下であるた
め、保険期間の４割に相当する期間（８年目）までは、その事業年度
の保険料の６割を資産計上して、残りの４割を損金算入し、その期間
経過後から保険期間の7.5割に相当する期間（15年目）までは、その
事業年度の保険料の全額を損金算入し、その7.5割に相当する期間経
過後から保険期間終了の日（20年目）までは、その資産計上した金額
を残りの期間（５年間）で取崩して、損金算入するとともに、その事

業年度の保険料の全額を損金算入することになります。

8年目まで

（借）　保険積立金　　112,000円　　（貸）　現金預金　　942,000円

　　　支払保険料　　332,000円

　　　前払保険料　　498,000円

9年目から15年目まで

（借）　保険積立金　　112,000円　　（貸）　現金預金　　942,000円

　　　支払保険料　　830,000円

16年目以降

（借）　保険積立金　　112,000円　　（貸）　現金預金　　942,000円

　　　支払保険料　1,626,800円　　　　　　前払保険料　796,800円

（注）　830,000円×40％＝332,000円……8年目までの損金の額に算入される支払保険料

　　　830,000円×60％＝498,000円……8年目までの前払保険料

　　　498,000円×8年＝3,984,000円……8年間の前払保険料

　　　3,984,000円÷（20年－15年）＝796,800円……16年目以降の取崩額

　　　796,800円＋830,000円＝1,626,800円……16年目以降に損金の額に算入される支払保険料

⑺　変額保険

　変額保険とは、支払保険料を特別勘定で運用する生命保険です。保険契約締結時に保険金額が定められている定額保険の場合は、一般勘定で運用されており、保険会社が投資リスクを負っていますが、変額保険の場合は他の種類の保険契約資産とは区別し、独立して運用・管理を行う特別勘定で運用されています。主に有価証券に投資し、世界株式型特別勘定、日本株式型特別勘定、世界債券型特別勘定、日本債券型特別勘定等があり、契約者自らが特別勘定の種類を選択します。

　また、繰入比率の指定と変更（保険会社の指定時期）を行うことができます。投資のリスクは保険契約者自らが負うことになり、資産の運用、成果に応じて保険金や解約返戻金は変動するので、満期保険金と解約返戻金の保障はありませんが、生命保険本来の保障として死亡保険には最低保証が設けられています。

　変額保険の保険料のうち、危険保険料と付加保険料は一般勘定で、積立保険料は特別勘定で管理されており、積立保険料の部分が蓄積されて運用資産の原資となります。

　変額保険には、有期型と終身型があります。

イ　変額保険有期型

　法人が支払った変額保険の保険料の取扱いに関する通達はありませんが、保障面の特徴が生死混合保険であり、有期型の保障であること等極めて養老保険と類似していることなどあり、昭和61年に日本で販売されて以来養老保険に準じた取扱いがされています。

　運用実績によっては、満期を迎えた時に基本保険金を下回ることがあります。

ロ　変額保険終身型

　有期型が養老保険に準じた取扱いがされていることから、終身型は終身保険と同様に取扱いがされています。

　解約返戻金の額は運用実績によって変動します。

(8)　特約に係る保険料

　養老保険、定期保険、第三分野保険又は定期付養老保険等の主契約には、特約を付すことができる商品があります。

　この特約に係る保険料については、主契約に係る保険料とは区別して、その特約の内容に応じた取扱いの例によることになります（法基通9－3－6の2）。

　したがって、特約に係る保険料は、その特約の内容が、例えば養老保険に該当するものである場合には、前記(1)の取扱いの例により、定期保険に該当するものである場合には、前記(2)又は(3)の取扱いの例によることになります。

　なお、ここでいう特約とは、保険給付がある特約のことをいいますので、保険給付のない特約に係る保険料（保険料払込免除特約等に係る保険料等）は、主契約に係る保険料に含めることになります（「定期保険及び第三分野保険に係る保険料の取扱いに関するFAQ」［Q18]）。

⑼　養老保険、定期保険及び第三分野保険等の保険料のまとめ

　養老保険、定期保険及び第三分野保険等の保険料の税務上の取扱いをまとめると次のようになります。

保険の種類(注)1	契約　保険金の受取人		保険料
	満期保険金	死亡保険金又は給付金	
養老保険 （法基通9－3－4） 　　　　　（注)2	法人		資産計上
	役員又は使用人	役員又は使用人の遺族	給与 　　（注)5
	法人	役員又は使用人の遺族	1/2・資産計上 1/2・損金算入 　　（注)6
定期保険及び第三分野保険 （原則） （法基通9－3－5） 　　　　　（注)3	法人		損金算入
		役員若しくは使用人又はそれらの遺族	損金算入 　　（注)6
定期保険及び第三分野保険 （特例） （法基通9－3－5の2） 　　　　　（注)4	法人		一定額の損金算入及び最高解約返戻率の区分に応じて一定額の資産計上 　　（注)7
		役員若しくは使用人又はそれらの遺族	

　（注)1　特約については、その特約の内容に応じて、各保険の取扱いが準用されます。

　　　2　終身保険、変額保険、定期付養老保険等（保険料が区分されていない場合及び区分されている場合の養老保険部分）及び定期付

終身保険（保険料が区分されていない場合及び区分されている場合の終身保険部分）について、準用されます。

3　定期付養老保険等（保険料が区分されている場合の定期保険等部分）及び定期付終身保険（保険料が区分されている場合の定期保険部分）のうち、保険期間が3年未満又は最高解約返戻率が50%以下のものについて、準用されます。

　また、保険期間が3年以上で最高解約返戻率が50%超の定期保険等であっても、年換算保険料相当額の合計額が30万円以下のものも、この取扱いの対象となります。

4　定期付養老保険等（保険料が区分されている場合の定期保険等部分）及び定期付終身保険（保険料が区分されている場合の定期保険部分）のうち、保険期間が3年以上で最高解約返戻率が50%超のものについて、準用されます。

　また、保険期間が3年以上で最高解約返戻率が50%超の定期保険等であっても、年換算保険料相当額の合計額が30万円以下のものは、この取扱いの対象外となります。

5　役員分については、過大報酬にならない限り損金算入となります。

　ただし、保険料が一時払いである場合には、役員賞与として損金不算入となります。

6　役員又は部課長その他特定の使用人（これらの者の親族を含む。）のみを被保険者としている場合には、その役員又は使用人に対する給与となります。

7　死亡保険金又は給付金の受取人が役員若しくは使用人又はそれ

らの遺族である場合であって、役員又は部課長その他特定の使用人（これらの者の親族を含む。）のみを被保険者としている場合には、その役員又は使用人に対する給与となります。

⑽　普遍的加入

　法人が支払う定期保険等の保険料については、死亡保険金又は給付金の受取人が法人であれば、原則、期間の経過に応じて損金の額に算入されることになるのですが、死亡保険金又は給付金の受取人が役員又は使用人の遺族である場合には、原則、福利厚生費等として期間の経過に応じて単純に損金の額に算入されるものの、役員又は部課長その他特定の使用人（これらの者の親族を含む。）のみを被保険者としている場合には、その役員等の特定の者に対して経済的利益を供与しているとして、その保険料は、その役員又は使用人に対する給与として取り扱われることになります（法基通9－3－5⑵、9－3－5の2（注）6、平27.6.19裁決）。

　しかし、保険加入の有無について格差を設け、それが職種、年齢、勤続年数等に応じて合理的な基準により普遍的に設けられた格差であると認められるときは、役員又は部課長その他の使用人（これらの者の親族を含む。）のみを対象にした場合に該当するものではないと解され、法人が支払うその保険料については、役員又は部課長その他の使用人（これらの者の親族を含む。）に経済的利益を与えるためのものではなく、福利厚生費等として期間の経過に応じて損金の額に算入されることになります。

　なお、この格差に関する考え方は、養老保険等の場合も同様です（法基通9－3－4⑶）。

12 加入対象者を勤続年数で特定した場合

　当社は、この度、福利厚生の一環として、役員及び使用人を対象に定期保険（解約返戻金のないもの）に加入することにしました。この保険契約では死亡保険金の受取人は被保険者の遺族ですが、その加入対象は従業員の定着を図ること及び従業員が扶養する家族を有するようになるのはそれなりの年齢になってからと考えられることから、役員及び使用人の全員ではなく、入社後10年経過した者を対象とすることにしました。

　このような加入対象者を勤続年数で判定した基準を設けた場合、その支払保険料はどのように取り扱われることになるのでしょうか。

　保険加入の有無について格差を設けることは、それが職種、年齢、勤続年数等に応じて合理的な基準により普遍的に設けられた格差であると認められるときは、役員又は部課長その他特定の使用人（これらの者の親族を含む。）のみを対象にした場合に該当しないものとして取り扱われます。

　したがって、入社後10年という基準が次のような点を検討して、その加入基準が合理的に設けられたものであれば、福利厚生費等として期間の経過に応じて損金の額に算入されることになります。

　①　その格差が設けられたとしても、使用人のうちの相当部分の者

が被保険者となっているのかどうか

② 法人が福利厚生費等として保険料を負担する期間として妥当な期間であるのかどうか

③ 学校卒業後直ちに入社した場合に、入社後10年は、遺族の生活保障が必要と考えられる家族を持つようになる期間として妥当なものであるのかどうか

13 加入対象者を特定の者にした場合

 　　当社は、この度、福利厚生の一環として、社員を被保険者とし、死亡保険金の受取人が被保険者の遺族、生存保険金の受取人は当社とする養老保険に入ろうと思います。しかし、資金の都合で全社員が加入できないので、役員全員、部課長全員を加入しようと思います。

　このような基準を設けた場合、その支払保険料はどのように取り扱われることになるのでしょうか。

 　　支払った保険料の額のうち、その2分の1に相当する金額は、当該保険契約が終了するときまでは資産に計上し、残額は期間の経過に応じて損金の額に算入するのですが、質問のように明らかに役員全員、部課長全員と特定の使用人のみを被保険者としている場合には、当該役員等の特定のものに対して経済的利益を供与しているとして、その保険料は、その役員又は使用人に対する給与として取り扱われることになります。

　しかし、方法を変えることによって給与以外の費用として認められるケースもあります。格差が設けられたとしても、使用人のうちの相当部分の者が被保険者になれるように一般従業員から順次加入させたり、役員、部課長、一般従業員の各グループから一定の割合で順次加入させたりすることもできます。

14 法人の役員等を被保険者とする養老保険の保険料

Q 当社はこの度役員又は使用人を被保険者、死亡保険金受取人を役員又は使用人の遺族、満期保険金受取人を法人とする養老保険に加入しようと思います。死亡保険金については、代表取締役を5,000万円、その他役員を3,000万円、従業員を500万円とすることにしました。このような格差をつけた理由としては、代表取締役とその他役員は使用人よりも会社経営に責任を持たなくてはいけないことと、代表取締役は借入金の保証人にもなって大きな責任を負っているからです。

この支払保険料は普遍的加入に当たるでしょうか。

A 本件のような理由は、給与等であればこれだけの大きな格差を設ける根拠になったとしても、福利厚生を目的として死亡保険金に大きな格差を設ける根拠にはならないと考えられるため、所得税基本通達36-31の（注）2の(1)に定める「職種、年齢、勤続年数等に応ずる合理的な基準により、普遍的に設けられた格差であると認められるとき」には該当しないというべきです。したがって、他に特別な事由がない限り、普遍的加入に当たらないと考えられます。

2 契約内容の変更の取扱い

(1) 保険契約の転換

　保険契約においては、保険金額の増額、保険内容の変更等、既契約の保険契約について新たな保険契約に変更することがよく行われています。これがいわゆる保険の下取りといわれるもので、一般には、「保険契約の転換」といわれています。

　保険契約の転換の具体的な仕組みは、既契約の養老保険、定期保険、第三分野保険又は定期付養老保険等に係る責任準備金（保険料の積立額で、保険契約を解約した場合に払い戻される額）を新たな養老保険、定期保険、第三分野保険又は定期付養老保険の一時払保険料に充当するもので、これにより保険契約の内容を変更するものです。

　このような保険契約の転換の法的意味は、①旧契約を解約して新たな契約に加入するもの、②旧契約の効力を存続させながら新たな契約に更改させていくもの、と二つの考え方があるようです。

　ところで、法人税法上保険契約の転換が問題となるのは、その保険の保険料の全部又は一部が保険積立金として資産計上されている場合にその保険積立金について、保険契約の転換があった場合にどのように取り扱うかということです。

　これについては、法人が既契約を新契約に転換させた場合には、その法的性格を旧契約を解約して新契約を締結した、すなわち、既契約について一種の精算があったものとして取り扱うこととされています。

　したがって、資産に計上している既払保険料の額のうち転換後の新契約の保険料に充当する部分以外の金額は、その転換時の損金の額に

算入するとともに、新契約の保険料に充当した金額は、転換時に保険料の一時払があったものとして、転換後の契約の内容及び受取人が誰であるかに応じて、養老保険、定期保険、第三分野保険又は定期付養老保険等の支払保険料の取扱いにより取り扱うことになります（法基通9－3－7）。

　なお、転換後の契約の内容が、前記1(3)「定期保険及び第三分野保険の特例」の取扱いの適用を受ける定期保険等に該当する場合であって、最高解約返戻率が85％超である場合には、前記1(3)の表で計算した資産計上期間が5年未満となる場合であっても、資産計上期間を5年（保険期間が10年未満の場合には、保険期間の100分の50相当期間の年数）とする取扱いの適用はありません（法基通9－3－7）。

15 保険契約の転換

 当社は保険積立金が計上されている保険（既払保険料の資産計上額：1,000万円）を次の内容の新保険に転換を考えていますが、この場合具体的な経理処理はどのようにすればよろしいでしょうか。

① 新契約の定期付養老保険の保険期間……20年

② 保険金受取人……法人

③ 新契約の定期保険（解約返戻金のないもの）の保険料（20年間）に充てられる額……500万円

④ 新契約の養老保険の保険料（20年間）に充てられる額……400万円

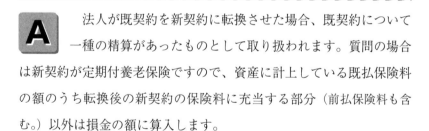 法人が既契約を新契約に転換させた場合、既契約について一種の精算があったものとして取り扱われます。質問の場合は新契約が定期付養老保険ですので、資産に計上している既払保険料の額のうち転換後の新契約の保険料に充当する部分（前払保険料も含む。）以外は損金の額に算入します。

（借）保険積立金　400万円　　（貸）保険積立金　1,000万円

前払保険料　500万円

雑　損　失　100万円

（注）　前払保険料は、20年間にわたって費用として損金の額に算入されることになります。

⑵　払済保険への変更

　「払済保険」というのは、既契約の養老保険等について、契約途中で保険料の払込みをストップするとともに、既払保険料に係る責任準備金（保険料の積立額で、保険契約を解約した場合に払い戻される額）の多寡に応じて保険金額を減額するというもので、具体的には保険期間は元契約のままにして、その時の解約返戻金を主契約の保険の一時払保険料に充てることになります。これについては、従前は特に既払保険料の一部を精算するというようなものではなく、単に保険金額を減額するにとどまることになるので、特に既往の資産計上額を再評価する必要はなく、そのまま保険事故の発生又は解約、失効等により契約が終了するまで資産計上を継続することとされていました。

　ところが、払済みの際に洗替等の経理処理を行わないという取扱いを逆手にとり、払済みにすることを前提にして一定の終身保険に定期保険を組み合わせる等して課税利益の先送りを図ることを目的とした課税上の弊害がある契約が見受けられるようになりました。

　そこで、平成14年の通達改正により、既契約の保険を払済保険に変更した場合は、原則として、変更時点における解約返戻金相当額とその保険契約に係る資産計上額の差額について、払済保険に変更した日の属する事業年度の益金又は損金の額に算入する（役員又は部課長その他特定の使用人（これらの者の親族を含む。）のみを被保険者とし、死亡保険金の受取人を被保険者の遺族としているため、その保険料の額がその役員又は使用人に対する給与となる場合を除く。）こととし、洗替経理処理を行った場合の払済保険への変更後の経理処理は、変更した時点において払済保険への変更後の保険種類と同一の保険に加入して保険

期間の全部の保険料をまとめて支払った場合に準じて取り扱うことと
されました（法基通9－3－7の2本文、(注)2）。

　ただし、養老保険、終身保険、定期保険、第三分野保険及び年金保
険（特約が付加されていないものに限る。）から同種類の払済保険に変
更した場合には、特に既往の資産計上額を再評価せず、そのまま保険
事故の発生又は解約失効等により契約が終了するまで資産計上を継続
することにしても差し支えないこととされています（法基通9－3－
7の2（注)1）。

　また、払済保険は、一定期間内であれば元の保険契約への復旧が可
能であることから、復旧がされた場合には、払済保険に変更した時点
で益金又は損金の額に算入した額を復旧した日の属する事業年度の損
金又は益金の額に、また、払済保険に変更した後に損金の額に算入し
た額を復旧した日の属する事業年度の益金の額に算入します。なお、
復旧に際して払い込まれた保険料は、当初契約の保険に基づく税務上
の取扱いによります（法基通9－3－7の2（注)3）。

16 ▍逓増定期保険から払済養老保険へ変更

> **Q**　　逓増定期保険の契約途中ですが、資金繰りが苦しくなったことから、保険料の払込みをやめて払済養老保険に変更したいのですが、その場合の具体的な経理処理はどのようになるでしょうか。
>
> ①　契約者……………………………………法人
> ②　被保険者………………………………役員又は使用人
> ③　保険金受取人…………………………法人
> ④　保険積立金……………………………60万円
> ⑤　前払保険料……………………………40万円
> ⑥　払済保険へ変更時の解約返戻金……650万円

A　　既契約の保険を払済保険に変更した場合は、変更時点における解約返戻金相当額とその保険契約に係る資産計上額の差額について、払済保険に変更した日の属する事業年度の益金又は損金の額に算入することにし、変更した時点において払済保険への変更後の保険種類と同一の保険に加入して保険期間の全部の保険料をまとめて支払った場合に準じて取り扱います。

　したがって、逓増定期保険から払済養老保険へ変更した場合の経理処理は次のようになります。

（借）保険積立金　650万円　　（貸）保険積立金　　60万円

前払保険料　　40万円

雑　収　入　550万円

　仮に、役員又は部課長その他特定の使用人（これらの者の親族を含む。）のみを被保険者とし、死亡保険金の受取人を被保険者の遺族としている場合は、その保険料の額（650万円）がその役員又は使用人に対する給与となります。

17 払済保険を復旧した場合

 当社は、この度、都合により払済みとした逓増定期保険を復旧することとしました。その場合の経理処理はどのようになるのでしょうか。

なお、契約内容等は次のようになっています。

①　契約者……………………………………………法人

②　被保険者…………………………………………役員又は

　　　　　　　　　　　　　　　　　　　　　　　　使用人

③　保険金受取人……………………………………法人

④　元契約の資産計上額（前払保険料）…………40万円

⑤　元契約の資産計上額（保険積立金）…………60万円

⑥　払済保険への変更時の解約返戻金相当額……650万円

 復旧されれば、払済保険への変更はなかったものとして処理され、元の保険契約に戻ることになります。

　具体的には、払済保険に変更した時点で益金又は損金の額に算入した額を復旧した日の属する事業年度の損金又は益金の額に、また、払済保険に変更した後に損金の額に算入した額を復旧した日の属する事業年度の益金の額に算入します（法基通9－3－7の2（注）3）。

①　払済保険へ変更時の経理処理

（借）　保険積立金　650万円　　（貸）　保険積立金　　60万円

前払保険料　　40万円

雑　収　入　550万円

②　復旧時の経理処理

（借）　保険積立金　　60万円　　（貸）　保険積立金　650万円

前払保険料　　40万円

雑　損　失　550万円

18 同種類の払済保険に変更した場合

 　養老保険（特約が付加されていないもの）を既契約のまま払済保険に変更した場合はどのようになりますか。

 　既契約の保険を払済保険に変更した場合は、原則として、変更時点における解約返戻金相当額とその保険契約に係る資産計上額の差額について、払済保険に変更した日の属する事業年度の益金又は損金の額に算入する洗替処理をすることになります。

　しかしながら、養老保険、終身保険、定期保険、第三分野保険及び年金保険（特約が付加されていないものに限る。）から同種類の払済保険に変更した場合には、特に既往の資産計上額を再評価せず、そのまま保険事故の発生又は解約失効等により契約が終了するまで資産計上を継続することにしても差し支えないこととされています（法基通9－3－7の2（注）1）。

　したがって、既契約の養老保険については、そのままにしておくことも認められます。

(3) 延長定期保険への変更

　「延長定期保険」とは、養老保険等をその契約途中において同額の定期保険に変更することをいいます。この場合には、既契約の養老保険に係る責任準備金（保険料の積立額で保険契約を解約した場合に払い戻される額）を、変更後の定期保険に係る一時払の保険料に充当させますので、責任準備金の多寡に応じてその保障期間が定められ、この期間内は、変更前と同じ保障（死亡保険金）が受けられることになります。

　したがって、資産に計上されている保険料の取扱いは次のようになります。

イ　延長定期保険の保険料に充当される金額（保険料充当額）を超える金額は、変更した事業年度の損金となります。

ロ　保険料充当額は次の区分により取り扱われます。

　①　延長定期保険に変更後に生存保険金がない場合

　　　前払費用として変更後の延長保険期間の経過に応じて損金となります。

　②　延長定期保険に変更後も生存保険金が支払われる場合

　　　変更後の延長保険期間の満了又は契約の失効までは損金となりません。

19 養老保険から延長定期保険への変更

> 　当社は、契約者を法人、被保険者を役員とする養老保険に加入していますが、資金繰りが困難になり、保障金額がそのままの定期保険に変更しようと思います。
>
> 　経理処理はどのようになりますか。
>
> 　なお、契約内容等は次のようになっています。
>
> ①　契約者…………………法人
>
> ②　被保険者………………役員
>
> ③　保険金受取人…………法人
>
> ④　保険料積立金…………100万円
>
> ⑤　解約返戻金……………80万円
>
> ⑥　変更後の保険期間……10年

 　延長定期保険とは、既契約の養老保険等をその契約の途中において同額の定期保険に変更することをいいます。責任準備金の多寡に応じてその保障期間が決まります。

　延長定期保険の保険料に充当される金額を超える金額は、変更した事業年度の損金となります。

① 生存保険金がない場合

変更時

（借）前払保険料　80万円　　（貸）保険積立金　100万円

　　　雑　損　失　20万円

毎年の処理

（借）支払保険料　8万円※　（貸）前払保険料　　8万円

　　※80万円×$\dfrac{1}{10}$＝8万円

② 生存保険金が支払われる場合

（借）保険積立金　80万円　　（貸）保険積立金　100万円

　　　雑　損　失　20万円

⑷　保険金の受取人変更

　法人が役員又は使用人を被保険者とする養老保険に加入して保険料を負担した場合において、死亡保険金及び満期保険金の受取人が役員又は使用人（その遺族を含む。）であるときは、その役員又は使用人に対して給与を支給したものとして取り扱うこととされています（法基通9－3－4⑵）。

　したがって、養老保険に係る保険金受取人を法人からその被保険者である役員又は使用人（その遺族を含む。）に変更した場合には、法人が保険金受取人である役員又は使用人に対して保険契約に係る権利を与えたことになります。

　なお、役員に対して権利を与えた場合には、役員に給与を支給したことになり、これは臨時的なものですから定期同額給与以外の役員給与を支給したこととして、損金の額に算入されません（法法34①、④）。

　ところで、この場合、給与とされる金額がいくらになるかが問題となりますが、法人税法上必ずしも明らかにされていません。そこで、所得税の取扱いをみますと、原則として、使用者が役員等に対して与える生命保険契約の権利の評価は保険積立金として資産計上している額ではなく、その変更時においてその契約を解除した場合に支払われることになる解約返戻金の額（これに加えて返還される前納保険料等があれば加算する。）をいうとされており、特例として、次の保険契約等に関する権利の場合の評価は、それぞれ次の金額をいうとされています（所基通36－37）。

　①　その解約返戻金の額が支給時資産計上額（法人が支払った保険料の額のうち、保険契約等に関する権利の支給時の直前において前払

部分の保険料として法人税基本通達の取扱いにより資産に計上すべき金額をいい、返還される前納保険料等があれば、加算する。）の70%に相当する金額未満である保険契約等に関する権利（前記1(3)「定期保険及び第三分野保険の特例」の取扱いの適用を受けるものに限る。）を支給した場合には、その支給時資産計上額

② 　復旧することのできる払済保険その他これに類する保険契約等に関する権利（元の契約が前記1(3)「定期保険及び第三分野保険の特例」の取扱いの適用を受けるものに限る。）を支給した場合には、支給時資産計上額に前記(2)の取扱いにより法人が損金に算入した金額を加算した金額

　そのため、これらの金額が給与（定期同額給与以外の役員給与）とされる金額ということになります。

　なお、この特例の取扱いは、令和3年7月1日以後に行う保険契約等に関する権利の支給について適用され、同日前に行った保険契約等に関する権利の支給については、原則の取扱いのみが適用されます（令和3年6月25日課個3－9他「『所得税基本通達の制定について』の一部改正について（法令解釈通達）」別紙附則）。

　ところで、法人が計上している保険積立金に残額がある場合には、法人に保険金を受け取る権利がなくなったのですから取り崩すことになります。

　また、受取人の変更後も保険料を法人が負担することとしている場合には、給与を支給したものとして取り扱われます（法基通9－3－4(2)）。

20 養老保険の受取人を法人から社長に変更した場合の取扱い

> **Q** 当社は、社長を被保険者として契約している養老保険の保険金受取人を当社から社長に変更することにしました。
>
> この場合、どのように取り扱われることになるのでしょうか。なお、この保険についての支払保険料は全額資産計上されており、現在1,000万円が保険積立金として計上されています。

A 法人が役員又は使用人を被保険者、保険金受取人を被保険者又はその遺族とする養老保険に加入して保険料を支払った場合には、被保険者に対する給与を支給したものとして取り扱うこととされています（法基通9－3－4(2)）。したがって、契約を変更して受取人を法人から被保険者にした場合にも、同様の取扱いをすることになりますので、ご質問の場合、解約返戻金相当額を700万円と仮定した場合には、次のようになります（所基通36－37）。

　（借）給　与※　　　700万円　　　（貸）保険積立金　1,000万円

　　　　雑　損　失　300万円

　　※定期同額給与以外の役員給与として損金の額に算入されません（法法35①、④）。

3 契約者配当の取扱い

(1) 契約者配当の受取り

　生命保険の保険料の額は、①見込まれる保険事故の発生割合、②保険料について生じる運用益、③生命保険会社の経費の額に基づいて算定されていますが、実際に生じた事故発生割合や運用益の額等は、当初の計算とは異なるのが一般的なようです。

　そこで、予定運用率によって見込まれた運用収入よりも実際の運用収入が多い場合等、予定とは異なる状況となった場合には、契約者配当金として保険会社から契約者に支払われることによりその調整が図られることになります。すなわち、契約者配当金の財源は、①利差益（実際の運用利回りが保険料の設定上の予定利回りを上回った場合の差）、②死差益（実際死亡率が予定死亡率より低い場合の差）及び③費差益（実際事業費が予定事業費より少ない場合の差）からなるもので、このうち死差益と費差益からなる部分は一種の保険料の割戻しとも考えられますが、利差益部分は保険料について生じた運用益そのものであり、契約者配当金の主たる部分は一般的にはこの利差益といわれています。

　このため、保険契約者である法人が契約者配当金を収受する場合には、その通知を受けた日の属する事業年度の益金の額に算入することとされています（法基通9－3－8前段）。

　ただし、支払保険料の全部を資産計上している場合、すなわち、①満期保険金と死亡保険金の受取人が法人である養老保険の場合（法基通9－3－4(1)）、②満期保険金と死亡保険金の受取人が法人である定期付養老保険の場合で保険料が定期保険部分と養老保険部分とに区分

されていないもの（法基通9－3－6(2)）、③終身保険金の受取人が法
人である終身保険の場合には、本来貯蓄性のない危険保険料部分が含
まれていることを考慮し、益金の額に算入することなく、その資産計
上している保険料から収受する契約者配当金の額相当額を控除するこ
とが認められています（法基通9－3－8後段）。

21 契約者配当金を受け取った場合の経理処理

 　当社はこの度保険会社より契約者配当金（10万円）の通知を受け取りました。保険の種類は満期保険金と死亡保険金の受取人が法人である養老保険で支払保険料は全額資産計上しています。
　具体的な経理処理を教えてください。

 　法人が契約者配当金を収受する場合、原則としてその通知を受けた日の属する事業年度の益金の額に算入することになります。

　ただし、支払保険料の全部を資産計上している場合にはその資産計上している保険料の額から控除することができます。

　質問の場合は資産計上していることから、通知を受けた事業年度の益金の額に算入する原則法か資産計上している保険料の額から控除する控除法を選択することができます。

〔原則法〕

　　（借）現金預金　10万円　　（貸）雑収入　　　　10万円

〔控除法〕

　　（借）現金預金　10万円　　（貸）保険積立金　　10万円

（注）　仮に、支払保険料の全部又は一部が損金算入されている場合には、次のように原則法によることになります。

　　　（借）現金預金　10万円　　（貸）雑収入　　　　10万円

(2)　契約者配当の充当等

　契約者配当金については、現金で支払われるほか、支払保険料への充当、保険の買増し、保険金額の増額等種々の支払方法があります。契約者配当金について、このように種々の支払方法を選択してもその実質に差異があるわけではありませんので、金銭で支払われた場合と同様の取扱いをすることになります。

　したがって、契約者配当金が保険の買増しや保険金額の増額に充てられた場合には、契約者配当金がいったん金銭で支払われた後にこれらの保険の保険料に充当されたものとして取り扱うことになります（法基通9－3－8（注）1）。

　そこで、養老保険に加入し、保険金受取人がすべて法人であるために支払保険料の全額を資産計上している場合の契約者配当金については、資産に計上している保険料の額から控除することが認められており、ついで、契約している養老保険の増額保険の保険料に充てたのですから、その金額は資産に計上することになります。

　例えば、契約者配当金が10万円の場合の仕訳を示すと、次のようになります。

　①　（借）未　収　金　10万円　　（貸）保険積立金　10万円
　②　（借）保険積立金　10万円　　（貸）未　収　金　10万円

　このように、契約者配当金については、全額資産計上している場合に控除方式を採れば（仕訳の貸借が相殺され）何らの経理処理をしないことと同じ結果となります。

　なお、定期保険の場合には、原則として、契約者配当金を益金の額に算入するとともに、保険金の受取人が法人ですのでその支払保険料

は期間の経過に応じて損金の額に算入することになります（法基通9
－3－8前段、9－3－5(1)参照）ので、仕訳は次のようになります。

（借）前払保険料　×××円　　（貸）雑収入　　10万円

　　　支払保険料　×××円

⑶　契約者配当の据置き及びその利子

　契約者配当の充当の場合と同様に、据置きされた契約者配当金につ
いても、支払保険料の全部を資産計上している場合に控除する方法を
採れば何らの経理処理をしないことと同じ結果となりますので、特に
問題はありません（敢えて経理をするのであれば、契約者配当金が据置
きされていることから、同額の保険積立金を積立配当金というような資産
科目の勘定に振り替えることになる（前記⑵参照）。）。

　ところで、保険会社が据置きした契約者配当金又は未収の契約者配
当金について利子を付することがありますが、この利子については契
約者配当金とは異なり据置きした契約者配当等の単なる運用益ですの
で、その通知のあった日の属する事業年度の益金の額に算入すること
になります（法基通9－3－8（注）2）。

22 据置配当金に利子が付された場合の経理処理

> **Q**　当社では満期保険金と死亡保険金の受取人を当社とする養老保険に加入しております。このほど据置配当金に利子が1万円付されました。契約者配当金と同じ経理処理でよろしいのでしょうか。具体的な経理処理を教えてください。

A　据置きされた契約者配当金についても、契約者配当金と同じように支払保険料の全部を資産計上している場合に控除する方法を採れば特に問題はありませんが、保険会社が据置きした契約者配当金又は未収の契約者配当についての利子については契約者配当金とは異なり据置配当等の単なる運用益になりますので、その通知のあった日の属する事業年度の益金に算入することになりますので、経理処理は次のようになります。

（借）積立配当金　　1万円　　（貸）雑収入　　1万円

4 受取保険金の取扱い

(1) 法人が保険金を受け取った場合

　保険事故が発生し、保険金が支払われた場合の取扱いについては、個人年金保険の場合を除き、法人税基本通達等では明らかにされていません。しかしながら、一般に公正妥当な会計処理としては、法人が満期保険金又は死亡保険金等を受け取った場合、受け取った保険金は益金の額に算入するとともに、資産に計上してある保険積立金額がある場合には、その金額を全額損金の額に算入することになります。なお、両者の差額を益金の額に算入する方法も認められます。

　ところで、受け取った保険金が主契約に係るものではなく、例えば、入院給付金であるなど、特約保険部分に係るものである場合には、給付金を受け取ったとしても主契約には変動がありませんので、収受した給付金を益金の額に算入するのみとなり、主契約に係る保険積立金の取崩しはできないことになります。

23 法人が死亡保険金を受け取った場合

 Q 当社では、満期保険金と死亡保険金の受取人を当社とする終身保険に加入をしていたところ、被保険者である役員が死亡し、死亡保険金5,000万円を受け取りました。具体的な経理処理はどのようになりますか。

なお、保険積立金額は3,000万円です。

 A 一般に公正妥当な会計処理として、この場合は受け取った保険金は益金の額に算入し、資産計上してある保険積立金額がある場合には、その金額を全額損金に算入することになります。

（借）現金預金　5,000万円　　（貸）受取保険金　5,000万円

　　　雑 損 失　3,000万円　　　　　保険積立金　3,000万円

なお、受け取った保険金と資産計上してある保険積立金額の差額を益金の額に算入する方法も認められています。

この差額方式による場合は次のようになります。

（借）現金預金　5,000万円　　（貸）保険積立金　3,000万円

　　　　　　　　　　　　　　　　　雑　　　益　2,000万円

(2)　被保険者の遺族が死亡保険金を受け取った場合

〈法人の取扱い〉

　被保険者が死亡し、その死亡保険金を被保険者の遺族が収受した場合には、法人において特段の経理を要しないことになります。ただし、その保険が養老保険等であるため、支払保険料の一部を資産に計上している場合には、被保険者の遺族が死亡保険金を収受したことにより、保険契約が終了し、その資産計上している保険積立金は無価値となりますので、その全額を損金の額に算入することになります。

　例えば、被保険者である役員が死亡し、その遺族に死亡保険金5,000万円が支払われた場合（保険積立金額2,000万円）の仕訳を示すと次のようになります。

　（借）雑　損　失　2,000万円　　（貸）保険積立金　2,000万円

〈遺族の税務上の取扱い〉

　保険金を収受した被保険者の遺族にあっては、収受する保険金は保険契約に基づいて収受するものであり、相続により取得するものではありません。

　しかしながら、その保険料は法人が負担しているものの、法人と被保険者である役員又は使用人との間に委任関係又は雇用関係があることから被保険者自身が負担したものといえますので、被保険者の遺族は、保険金を被保険者の死亡によって収受しているところから、相続税法上「みなし相続財産」として相続の対象とされています（相法3①一）。

(3)　被保険者が入院給付金等を受け取った場合

〈法人の取扱い〉

　第三分野保険の給付金の受取人を被保険者としている場合には、保険契約上、給付金の支払請求権者は保険契約者である法人ではなく被保険者ですから、たとえ保険会社から被保険者に対して給付金が支払われた場合においても、法人には何らの権利もありませんので、課税関係は生じないことになります。

　また、法人が資産計上している保険料（保険積立金の額）がある場合であって、保険事故の発生後も保険契約が継続する場合には、何らの経理処理も必要ありません。

〈被保険者の税務上の取扱い〉

　被保険者である役員又は使用人が傷害給付金、入院給付金等を収受した場合において、それが心身に加えられた損害を償うものである場合には、その保険金は所得税法上非課税とされています（所法9①十八、所令30一）。

(4)　生命保険金を役員退職金に充てた場合

　役員退職金については、法人税法上不相当に高額な金額は、損金の額に算入しないこととされており（法法34②）、死亡退職金についても同様に取り扱われます。この場合の不相当に高額な退職金かどうかは、その役員のその法人の業務に従事した期間、その退職の事情、その法人と同種の事業を営む法人でその事業規模が類似するものの役員に対する退職給与の支給の状況等に照らして判断し、その退職した役員に対する退職金として相当な金額を超える部分が損金不算入となり

ます（法令70二）。

　ところで、収受した保険金の全額を死亡退職金に充てた場合、法人に損益は生じませんので、役員退職金として全額損金に算入して差し支えないのではないかとの考えもあるかと思います。しかしながら、法人の支払う役員退職金と死亡保険金とは基本的には関係がなく、過大役員退職金であるかどうかは、受取保険金額の多寡には関係なく判断することになります。

　したがって、受取保険金額に関係なく支給した役員退職金について、その法人の業務に従事した期間等から過大であるかどうか判断し、仮に過大部分があるということであれば、その部分の金額が損金の額に算入されないことになります（昭31.12.24大阪地裁判決、昭62.4.16長野地裁判決、昭63.9.30静岡地裁判決、平元.1.23東京高裁判決、平3.9.30浦和地裁判決）。

24 死亡保険金を役員退職金に充てた場合

 当社は、自己を契約者及び保険金受取人、役員を被保険者とする定期保険（解約返戻金のないもの）に加入しています。

この場合、仮に役員の死亡による退職金としてこの保険金を充てた場合、過大退職金の問題は生じるでしょうか。

役員に対する退職金については、その役員の業務に従事した期間、退職の事情、類似法人における支払の状況等に照らして、その役員に対する退職金として相当な金額を超える部分がある場合には、その部分の損金算入が認められないこととされています。

したがって、仮に役員の死亡により収受した保険金を役員退職金として支払うとしても、直ちに役員退職金として税務上その全額の損金算入が認められることにはなりません。

第2　長期損害保険等

　損害保険は、火災、その他の災害のような偶然の事故により生じる損害の補てんを目的とするもので、その損害保険の保険期間は、一般的には1年以下で短期間のものが多いようですが、中には長期間にわたるものもあります。

　この長期の損害保険（長期総合保険、火災相互保険、建物更生共済等）は、短期の損害保険の支払保険料が掛捨てとなるのが原則であったのとは異なり、保険期間が長期で満期時に満期返戻金の支払が行われること（長期性と貯蓄性）が大きな特色となっています。

　したがって、その支払保険料については、短期の損害保険が一般に公正妥当と認められる会計処理の基準に従い、支払保険料のうち未経過分を除いては、その支払った日の属する事業年度の損金の額に算入することとされているのに対して、この長期の損害保険にあっては、前述のとおり保険期間が満了した場合に満期返戻金が契約者に支払われることから、その保険料には満期返戻金に充てるための積立保険料が含まれていますので、これを支払時の損金の額に算入することは妥当ではないということになります。

1　長期の損害保険契約に係る支払保険料

　法人が長期の損害保険契約（保険期間が 3 年以上で、かつ、その保険期間満了後に満期返戻金を支払う旨の定めのある損害保険契約）について保険料を支払った場合には、その支払保険料のうち積立保険料に相当する部分の金額は、保険期間の満了又は保険契約の解除若しくは失効の時までは資産に計上するものとされ、その他の部分（危険保険料及び付加保険料に相当する部分）の金額は期間の経過に応じて損金の額に算入することとされています（法基通 9 - 3 - 9 ）。

　なお、この場合の支払保険料の額のうち、積立保険料に相当する部分の金額とその他の部分の金額の区分は、保険料案内書、保険証券添付書類等における区分によることになります。

　また、長期の損害保険契約に係る月払又は年払保険料については、その支払保険料のうち積立保険料部分を除き、短期の前払費用の取扱い（法基通 2 - 2 -14）により、払込期日以後 1 年以内の期間分の支払保険料については、経過、未経過の区分をすることなく、そのまま支払時の損金の額に算入することが認められます。

25 長期損害保険の保険料の経理処理

　当社は、この度保険期間10年の損害保険に加入しましたが、この場合に支払う保険料は支払の都度損金の額に算入されると考えて差し支えないでしょうか。

　なお、この保険契約では満期返戻金の支払が予定されています。

　法人税の取扱い上、長期の損害保険契約（保険期間が３年以上で、かつ、その保険期間満了後に満期返戻金を支払う旨の定めのある損害保険契約）の保険料を支払った場合には、次のように取り扱うこととしています（法基通９－３－９）。

　①　保険積立金に相当する部分の金額……保険料積立金として保険期間の満了又は保険契約の解除等まで資産計上することになります。

　②　①以外の部分の金額……期間の経過に応じて損金の額に算入することになります。

　したがって、質問の場合には保険期間は10年（３年以上）であり、かつ満期返戻金が支払われるものですから、支払の都度全額損金の額に算入することはできず、積立保険料に相当する部分は保険期間の満了又は保険契約の解除等まで資産計上することになり、その他の部分は保険期間の経過に応じて損金算入することになります。

2　賃借建物等に保険を付した場合の支払保険料

　損害保険契約は、通常自己の所有する建物等を対象として締結される（自己が保険契約者及び被保険者）のですが、他人が所有する建物等を賃借している場合には、その建物等に保険を付することも行われています。この場合には、損害保険金の請求権は被保険者（建物等の所有者）に、満期返戻金、解約返戻金及び契約者配当金の請求権は保険契約者に存することになります。

　そこで、法人が、賃借している建物等（役員又は使用人から借り受けた建物等でその役員又は使用人が使用しているものを除く。）に係る長期の損害保険契約について保険料を支払った場合には、その支払保険料については、次に掲げる区分に応じて、取扱いが定められています（法基通9－3－10）。

(1)　法人が保険契約者となり、建物等の所有者が被保険者となっている場合

　満期返戻金等の請求権は保険契約者である法人に、損害保険金の請求権は建物等の所有者にありますので、満期返戻金の原資である積立保険料部分は資産に計上し、損害保険金の原資であるその他の部分（掛捨て部分）は事業経費として損金の額に算入することになります。

(2)　建物等の所有者が保険契約者及び被保険者となっている場合

　損害保険金の請求権及び満期返戻金等の請求権のいずれもがその建物等の所有者にあり、法人は単に保険料の支払者ですので、その支払

保険料の全額を建物等の賃借料とすることになります。

　この場合の支払保険料については、積立保険料部分とその他の部分とに区別せず、その全額を建物等の賃借料として、期間の経過に応じて損金の額に算入されることになります。

　なお、その建物等の所有者については、その保険料相当額がその建物等の賃貸料収入とされることになります。

26 賃借建物等に保険を付した場合の保険料——保険契約者が賃借人の場合

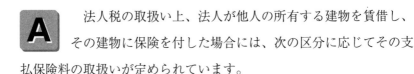

　　　当社は、この度本社ビルとして賃借している建物に対して長期の火災保険に加入しました。この保険の契約内容は次のようになっております。

①　保険契約者………当社（賃借人）

②　被保険者…………建物の所有者（賃貸人）

③　保険料支払者……当社（賃借人）

　この場合の支払保険料は全額損金の額に算入されると考えて差し支えないでしょうか。

A　　　法人税の取扱い上、法人が他人の所有する建物を賃借し、その建物に保険を付した場合には、次の区分に応じてその支払保険料の取扱いが定められています。

①　法人が保険契約者・建物所有者が被保険者の場合

　　積立保険料部分を資産計上し、その他の部分は損金算入されます。

②　建物所有者が保険契約者及び被保険者の場合

　　支払保険料の全額が建物の賃借料とされます。

　したがって、質問の場合には、貴社が保険契約者であり、建物所有者（賃貸人）が被保険者であることから、上記①の区分の取扱いとなり、積立保険料部分を資産計上し、その他の部分は損金の額に算入することになります。

27 賃借建物等に保険を付した場合の保険料──保険契約者が賃貸人の場合

 当社は、この度支店ビルとして賃借している建物に対して長期の火災保険に加入しました。この保険の契約内容は次のようになっております。

① 保険契約者………建物の所有者（賃貸人）

② 被保険者…………建物の所有者（賃貸人）

③ 保険料支払者……当社（賃借人）

この場合の支払保険料は全額損金の額に算入されると考えて差し支えないでしょうか。

 法人税の取扱い上、法人が他人の所有する建物を賃借し、その建物に保険を付した場合には、次の区分に応じてその支払保険料の取扱いが定められています。

① 法人が保険契約者・建物所有者が被保険者の場合

積立保険料部分を資産計上し、その他の部分は損金算入されます。

② 建物所有者が保険契約者及び被保険者の場合

支払保険料の全額が建物の賃借料とされます。

したがって、質問の場合は、保険契約者・被保険者とも建物所有者（賃貸人）であることから上記②の区分の取扱いとなり、支払保険料の全額が建物の賃借料として損金の額に算入されます。

3　役員又は使用人の建物等に保険を付した場合の支払保険料

　法人がその役員又は使用人の所有する建物等に係る長期の損害保険契約について保険料を支払った場合には、次に掲げる区分に応じて、次のように取り扱うこととされています（法基通9－3－11）。

　なお、この取扱いは、法人がその役員又は使用人から借り受けた建物等をその役員又は使用人に使用させるといった場合（いわゆる借上社宅）においても同様に適用されます。

⑴　法人が保険契約者となり、役員又は使用人が被保険者となっている場合

　満期返戻金等の請求権は保険契約者である法人にありますので、満期返戻金の原資である積立保険料部分を資産に計上し、一方、保険の目的である建物等は法人の事業の用に供されているのではありませんから、掛捨部分はその建物等の所有者であり、損害保険金の請求権者である役員又は使用人に経済的利益を供与したものとして給与として取り扱われることになります（法基通9－3－11⑴）。

　ただし、この役員又は使用人に対する給与とされる部分の金額で所得税法上経済的な利益として課税されないものについて法人が給与として経理しない場合には、給与として取り扱わないこととされています（法基通9－3－11⑴ただし書）。なお、役員又は特定の使用人のみを対象として保険料を負担する場合には、役員又は使用人に対する給与とされます（所基通36－31の7）。

⑵　役員又は使用人が保険契約者及び被保険者となっている場合

　損害保険金の請求権及び満期返戻金等の請求権のいずれもがその建物等の所有者である役員又は使用人にありますので、法人の支払った保険料の全額をその役員又は使用人に対して経済的利益を供与したものとして給与として取り扱うことになります（法基通9－3－11⑵）。

28 役員又は使用人の建物等に保険を付した場合の保険料

> **Q** 　当社は、この度当社が契約者となり役員の所有する建物に対して長期の火災保険に加入しました。この保険契約の内容は次のようになっています。
>
> ①　保険契約者………建物の所有者である役員
> ②　被保険者…………建物の所有者である役員
> ③　保険料支払者……当社
> ④　保険期間…………10年
>
> 　この場合の支払保険料は、当該役員に対する給与として取り扱うと考えて差し支えないでしょうか。

 　法人税の取扱い上、法人が役員又は使用人の所有する建物等に係る長期の損害保険の保険料を支払った場合には、次のように取り扱われることになっています。

①　法人が保険契約者、役員又は使用人が被保険者

　積立保険料部分については資産計上し、その他の部分は原則給与とされます。

②　役員又は使用人が保険契約者及び被保険者

　積立保険料部分、その他の部分に区分せず、支払保険料全額が役員又は使用人に対する給与とされます。

　質問の場合には、保険契約の内容が上記②の区分に該当しますので法人の支払った保険料の全額が役員又は使用人に対して経済的利益を供与したものとされ、給与として取り扱うことになります。

4　保険事故の発生による積立保険料の処理

　法人が、保険事故の発生により保険金の支払を受けた場合には、その保険金の額を益金の額に算入するとともに、資産に計上している積立保険料に相当する部分の金額は損金の額に算入することになるのですが、分損（80％以内の損害等）であるため当該保険契約が失効せず、保険金額が自動的に復元するときは、資産に計上している積立保険料に相当する部分の金額については、引き続き契約保険金の全額の補償を担保しているわけですから、保険期間の満了、保険契約の解除又は失効の時までは損金の額に算入することはできないこととされています（法基通 9 - 3 - 12）。

　したがって、この場合には保険金収入の益金算入のみが行われることになります。

5　住宅瑕疵担保責任保険の契約に係る支払保険料

(1)　住宅瑕疵担保責任保険の概要

　新築住宅の発注者及び買主を保護するため「特定住宅瑕疵担保責任の履行の確保等に関する法律」が平成21年10月1日から施行され、施行後において新築住宅の引渡しをする建設業者又は宅地建物取引業者（以下「建設業者等」という。）は、資力確保措置（住宅瑕疵担保責任保険への加入又は保証金の供託）が義務づけられました。

　住宅瑕疵担保責任保険へ加入すると、住宅瑕疵担保責任保険法人（保険法人）に保険料と検査手数料を支払うことになります。

　ここにいう保険料とは、建設業者等が支払う保険期間（住宅瑕疵担保責任保険の保険期間は10年間であり、建設業者等が新築住宅を引き渡した日から保険期間が開始することになる。）に係る保証の対価をいいます（3万円から20万円までの範囲で1戸ごとの床面積等に応じて定められている。）。ただし、住宅瑕疵担保責任保険契約は、国土交通大臣の承認を受けた場合を除き中途解約ができませんので、保険期間開始後は保険料が返還されることはありません。

　なお、ここにいう検査手数料とは、建設業者等が支払う構造雨水検査（住宅瑕疵担保責任保険を引き受ける保険法人が行う、対象となる新築住宅に係る契約の開始前に必要な検査）を行うことに対する対価をいいます（最低4,000円程度から床面積等に応じて金額が定められ、共同住宅の場合は1棟単位で検査が実施されている。）。

⑵　保険料の税務上の取扱い

　この保険料については、次に掲げる点から、その全額（10年分）を継続して保険期間の開始日を含む事業年度において損金の額に算入している場合には、この処理を認めることにしています（国税庁ホームページ質疑応答事例）。

① 　個々の保険契約に係る保険料の支払は、10年間という保険期間に対応する一括支払であるにもかかわらず、3万円以上20万円未満（1年当たりに換算すれば3千円以上2万円未満）と新築住宅の代金に比して非常に少額な保険料であること。

（注）　原則どおり、保険料を保険期間に応じて損金算入するならば、例えば3月決算である建設業者等が10月に新築住宅を発注者等に引き渡し、この新築住宅に対する保険料3万円を支払っている場合、その引渡しの日の属する事業年度においては、3万円を10年で除し、これに12分の6を乗じた1,500円を損金の額に算入することになります。

② 　建設業者等においては、発注者等に引き渡す新築住宅（共同住宅にあっては1戸）ごとに契約を締結するため膨大な数の保険契約を締結することになること。

③ 　建設業者等においては、毎期おおむね一定数量の新築住宅の引渡しを行い、その引渡しごとに保険料の支払が生ずるところ、このような保険料について、その引渡しの日（保険期間の開始日）に損金算入する経理処理を行ったとしても、その計算が継続する限り毎期の所得計算がそれ程ゆがめられるとはいえないこと（むしろ、重要性の原則に則った円滑な経理処理が可能となること。）。

④　将来において新築住宅に瑕疵が判明した場合に必要となる修復や損害賠償などに必要な費用を保険金によってカバーするために支払うものであり、原則として、火災や事故が生じた場合に備える損害保険に係る保険料と同様に販売費や一般管理費等としてその保険期間の経過に応じて損金の額に算入すべきもの（前払費用）と解されますが、新築住宅の代金として発注者等に転嫁され、新築住宅に瑕疵が判明した場合には、結果的に発注者等がその所有する物件について修復等のサービスが受けられることから、売上原価に類似する性格を併せて有する費用とも考えられること。

(参考)1　検査手数料については、住宅瑕疵担保責任保険に係る保険契約を締結するに当たり必要な費用ではあるものの、保険料とは明確に区分された構造雨水検査という役務提供の対価と認められることから、構造雨水検査を完了した日を含む事業年度において損金の額に算入することが認められています。

2　住宅に関する長期損害保険であっても白蟻防除施工に係る保険契約に基づく支払保険料（保証期間5年間）は、白蟻防除完了後支払保険料を自ら負担することとなる損害賠償責任を補てんするため自己を被保険者として支払うものである理由から、支払時にその全額を当該事業年度の損金の額に算入することはできないとする裁決（平22.2.15）がありますので、333ページを参考にしてください。

6 長期損害保険のまとめ

法人の負担した長期の損害保険契約に係る支払保険料の取扱い等をまとめると次のようになります。

契約 付保物件	保険契約者 (返戻金受取人)	被保険者	支払保険料の処理		基本通達
			積立保険料部分	損害保険料部分	
法人の所有する建物等	法人		資産計上	期間の経過に応じて損金算入	法基通9-3-9
賃借の建物等	法人	賃貸人			法基通9-3-10 (1)
	賃貸人		賃借料として損金算入		法基通9-3-10 (2)
役員又は使用人の所有する建物等	法人	役員又は使用人	資産計上	損金算入。ただし、役員又は部課長その他特定の使用人のみを被保険者としている場合には、これらの者に対する給与	法基通9-3-11 (1) (所基通36-31の7)
	役員又は使用人		役員又は使用人に対する給与		法基通9-3-11 (2)

(注)　長期の損害保険契約とは、保険期間が3年以上で、かつ、その保険期間満了後に満期返戻金を支払う旨の定めのある損害保険契約をいいます。

第3　個人年金保険

　個人年金保険は、被保険者が年金開始時に生存しているときには、同日以後の一定期間にわたって年金が支払われ、被保険者が同日前に死亡した時には、死亡給付金（死亡保険金を含む。）が支払われる生命保険です。保険料は、年金の支払財源となる積立保険料と、いわゆる掛け捨ての危険保険料及び付加保険料とから成っており、このことは同じく生死混合保険である養老保険と同様です。

　しかしながら、個人年金保険の死亡給付金の額は保険料払込期間の経過に応じて徐々に増加するように設計されていて、保険料に占める危険保険料の割合が養老保険のそれより明らかに低くなっています。典型的な個人年金保険の保険料の構成をみますと、個人年金保険の特徴は年金支給にあり、通常の場合、定年（55歳から60歳）から公的年金受取（60歳から65歳）までのつなぎあるいは公的年金受給額の補てんを目的とするものが多いと考えられますので、55歳から65歳を年金支払開始年齢とするものでは、平均的にはその90％が積立保険料となっているようです。

　このため、法人が自己を契約者とし、役員又は使用人を被保険者とする個人年金保険に加入して保険料を負担した場合に、法人税基本通達9－3－4及び9－3－8の定めをそのまま準用することは適当ではないことから、支払保険料の損金算入時期等の取扱いについては、平成2年5月30日付直審4－19「法人が契約する個人年金保険に係る法人税の取扱いについて」（以下この項において「個人年金保険通達」という。）により明らかにされています。

1 個人年金保険の内容

　この取扱いの対象となる個人年金保険は、法人が、自己を契約者とし、役員又は使用人（これらの者の親族を含む。）を被保険者として加入したもので、その保険契約に係る年金支払開始日に被保険者が生存しているときに所定の期間中、年金がその保険契約に係る年金受取人に支払われるものです（個人年金保険通達1）。

　なお、法人税法施行令第135条（確定給付企業年金等の掛金等の損金算入）の規定の適用のあるもの及び法人税基本通達9−3−4（養老保険に係る保険料）の定めの適用のあるものは、この取扱いの対象とはなりません。

2　個人年金保険の保険料の取扱い

　法人が個人年金保険に加入してその保険料を支払った場合には、その支払った保険料の額については、次のように取扱うこととされています（個人年金保険通達2）。なお、特約に係る保険料の取扱いについては、法人税基本通達9－3－6の2（特約に係る保険料）の定めを準用することになります。

① 　死亡給付金及び年金の受取人が法人である場合には、後記4により取り崩すまでは資産計上します。

② 　死亡給付金及び年金の受取人が被保険者又はその遺族である場合には全額をその役員又は使用人に対する給与とします。

③ 　死亡給付金の受取人が被保険者の遺族で、年金の受取人が法人である場合には、90％相当額は上記①により資産に計上し、残額の10％相当額は期間の経過に応じて損金の額に算入します。ただし、役員又は部課長その他特定の使用人（これらの者の遺族を含む。）のみを対象とする場合は、その残額はその役員又は使用人に対して給与とします。

　(注)　死亡給付金とは、被保険者が年金支払開始前に死亡した場合に支払われる死亡給付金又は死亡保険金をいい、年金とは被保険者が年金支払開始日に生存している場合に支払われる年金をいいます。

　　　上記③の場合に、10％相当額を期間の経過に応じて損金の額に算入するのは、死亡保険金の受取人が従業員の遺族であるときの定期保険の取扱いと同様に一種の福利厚生費と考えられるからです。

29 個人年金保険の保険料の経理処理──受取人が法人の場合

 当社は、役員を被保険者、死亡給付金受取人及び年金受取人を当社とする個人年金保険に加入しました。この場合の支払保険料はどのように取り扱われることになりますか。

① 保険契約者……………………………当社

② 被保険者………………………………役員

③ 死亡給付金受取人・年金受取人……当社

A 法人が個人年金保険に加入した場合の支払保険料の取扱いについては、その契約形態によって次表のように取り扱われることとなっています。

内容＼区分		Ⅰ	Ⅱ	Ⅲ
契約者		法　人		
被保険者		役員又は使用人		
受取人	死亡給付金	法　人	被保険者又はその遺族	被保険者の遺族
	年　金			法　人
保険料の取扱い		全額資産計上	全額を被保険者に対する給与	90％相当額資産計上 10％相当額損金算入 (注)

（注）　役員又は部課長その他特定の使用人（これらの者の親族を含む。）のみを対象とする場合には給与とされます。

　質問の場合には、上記表のⅠの区分に該当しますので、その支払保険料の全額を資産計上することになります。

30 個人年金保険の保険料の経理処理——受取人が役員の遺族の場合

 当社は、役員を被保険者、死亡給付金受取人を役員の遺族、年金受取人を役員とする個人年金保険に加入しました。この場合の支払保険料はどのように取り扱われることになりますか。

① 保険契約者……………当社

② 被保険者………………役員

③ 死亡給付金受取人……役員の遺族

④ 年金受取人……………役員

 法人が個人年金保険に加入した場合の支払保険料の取扱いについては、その契約形態によって次表のように取り扱われることとなっています。

内容＼区分	Ⅰ	Ⅱ	Ⅲ
契約者	法　人		
被保険者	役員又は使用人		
受取人　死亡給付金	法　人	被保険者又はその遺族	被保険者の遺族
年　金			法　人
保険料の取扱い	全額資産計上	全額を被保険者に対する給与	90％相当額資産計上 10％相当額損金算入(注)

（注）　役員又は部課長その他特定の使用人（これらの者の親族を含む。）のみを対象とする場合には給与とされます。

　質問の場合の支払保険料の取扱いは、上記表のⅡの区分に該当しますので全額その役員の給与となります。

31 個人年金保険の保険料の経理処理——年金受取人が法人・死亡給付金受取人が被保険者の遺族の場合

 当社は、従業員全員を被保険者、死亡給付金受取人を被保険者の遺族、年金受取人を当社とする個人年金保険に加入しました。この場合の支払保険料はどのように取り扱われることになりますか。

① 保険契約者……………当社

② 被保険者………………役員・使用人全員

③ 死亡給付金受取人……被保険者の遺族

④ 年金受取人……………当社

 法人が個人年金保険に加入した場合の支払保険料の取扱いについては、その契約形態によって次表のように取り扱われることとなっています。

内容＼区分		Ⅰ	Ⅱ	Ⅲ
契約者		法　人		
被保険者		役員又は使用人		
受取人	死亡給付金	法　人	被保険者又はその遺族	被保険者の遺族
	年　金			法　人
保険料の取扱い		全額資産計上	全額を被保険者に対する給与	90％相当額資産計上 10％相当額損金算入(注)

（注）　役員又は部課長その他特定の使用人（これらの者の親族を含む。）のみを対象とする場合には給与とされます。

　質問の場合の支払保険料の取扱いは上記表のⅢの区分に該当しますので90％相当額は法人の資産に計上し、残額の10％相当額は期間の経過に応じて損金の額に算入することになります。

3 契約者配当

　個人年金保険については、養老保険などとその保険料等の構成が異なることから、受け取る契約者配当金についても養老保険などとは異なり、その支払を受ける時期により、次のように取り扱われます。

(1) 年金支払開始日前に支払を受ける契約者配当

　年金支払開始日前に支払を受ける契約者配当（受取人は保険契約者）は、生命保険会社に積み立てられて年金支払開始日に責任準備金に充当し、以後年金として支払われることが予定されていますが、保険契約者（法人）からの支払請求にも応じることとされていますし、その財源も他の生命保険と同様ですが危険保険料の割合が低いことから、死差益（実際死亡率が予定死亡率より低い場合の差）は養老保険などより更に僅かで、受取利子ともいえる利差益（実際の運用利回りが保険料の設定上の予定利回りを上回った場合の差）が主たるものですので、支払通知を受けた日の属する事業年度の益金の額に算入することとされています（個人年金保険通達3）。

　ただし、年金受取人が被保険者であり、かつ、法人がこの契約者配当の支払請求をしないことが、法人と被保険者との間の契約により明らかである場合には、支払保険料につき被保険者に対する給与課税が行われていますし、この配当が被保険者の雑所得の収入金額（年金）を増加させることからすれば、法人税の課税関係を生じさせないことが相当であると考えられます。

　そこで、年金受取人を被保険者とする福利厚生型の個人年金保険に

あっては、労働協約など法人と使用人との契約により、法人が契約者配当の支払を請求しないでその全額を年金支払開始日まで積み立てておくこと（その積み立てた契約者配当の額が生命保険会社において年金支払開始日にその保険契約の責任準備金に充当され、年金の額が増加する（これにより増加する年金を「増加年金」という。）こと。）が明らかな場合には、この契約者配当を法人の益金の額に算入しなくともよいこととされています（個人年金保険通達3ただし書）。

　なお、養老保険に係る支払保険料の全額を資産計上する場合には、その支払保険料に本来資産計上を要しない危険保険料部分が含まれていることから、契約者配当の収益計上額を資産計上の保険料の額から控除することが認められていますが、個人年金保険の場合には、危険保険料の割合は僅かであること及び年金支払開始日までは法人の収益とならない多額の特別配当があることから、資産計上している保険料の額から控除することは認められないこととされています。

(2)　年金支払開始日以後に支払を受ける契約者配当

　年金支払開始日以後に支払を受ける契約者配当としては、年金支払開始日に支払われる特別配当と年金支払期間中の契約者配当とがあります。

イ　特別配当

　通常、10年以上の長期継続契約に対して支払われる特別配当は、養老保険などの場合にはその契約の消滅時に割り当てられますが、個人年金保険の場合には年金支払開始日に割り当てられ、その受取人は年金受取人とされています。したがって、個人年金保険に係る

特別配当については、年金受取人が法人である場合に、法人の益金の額に算入することになり、年金受取人が被保険者（従業員）である場合には、従業員の雑所得の収入金額となります（所基通76－5参照）ので、法人税の課税関係は生じないことになります。

　ところで、この特別配当については、①年金（契約年金又は増加年金）として支払い、支払方法のオプションが用意されていない商品と、②支払方法のオプションが用意され、受取人の選択を認めている商品とがありますが、年金としてのみ支払うこととしているものであっても、それを保険約款上で明確にしているわけではありませんので、通常の契約者配当と同じく、その通知のあった日の属する事業年度の益金の額に算入すべきこととなります（個人年金保険通達4前段）。

　しかしながら、年金として支払われる商品については、その支払方法が、保険約款に記載されていないとしても事業方法書にはその記載があるもの、すなわち、年金受取人の支払方法の選択の余地のないものについては、年金の収受に伴う一種の保険差益として捉えるのがその実態に沿うものであり、通知があった日にその全額を計上すべきとすることを強制することにも無理があります。

　そこで、この特別配当については、法人が年金受取人である場合に、その支払通知があった日の属する事業年度の益金の額に算入することを原則とし、保険会社が年金としてのみ支払うこととし、年金受取人に支払方法の選択の余地のないものであるときには、その通知のあった日の属する事業年度の益金の額に算入しなくともよいこととされています（個人年金保険通達4前段ただし書）。

ロ　年金支払期間中の契約者配当

　この契約者配当は、毎年、①年金の一時払保険料に充当する方法、②積み立てておき、年金受取人の請求時又は保険契約の消滅時に支払う方法、③契約年金等の支払時に受け取る方法のいずれかの方法のうち、年金受取人の選択したところにより支払われます。

　ところで、この契約者配当は、年金支払原資である責任準備金の運用益そのものであって、これを受け取る年金受取人にとってはまさに受取利子そのものですから、受取方法のいかんにかかわらず、その通知のあった日の属する事業年度の益金の額に算入すべきことになります。

　なお、年金受取人が従業員である場合には、その支払保険料につき給与課税が行われており、年金支払開始日以後の年金受取人の変更はできませんから、この契約者配当の受取りに関して法人税の課税関係を生ずることはありません。

ハ　契約者配当を一時払保険料に充当した場合

　上記により益金の額に算入した契約者配当の額を一時払保険料に充当した場合には、後記4により取り崩すまでは資産に計上することとされます（契約者配当を充当した一時払保険料を、以下「買増年金積立保険料」という。）（個人年金保険通達4後段）。

32 個人年金保険における契約者配当の取扱い ——年金支払開始日前に支払を受ける契約者配当

 当社では、自己を契約者、従業員を被保険者とする個人年金保険への加入を考えております。契約者配当金を年金支払開始日前に受け取った場合、経理処理はどのようになりますか。

 年金支払開始日前に支払を受ける契約者配当（受取人は保険契約者）は、受取利子ともいえる利差益が主たるものですので、支払通知の都度、保険契約者（法人）の益金の額に算入することとされています。

　ただし、年金受取人が従業員で、かつ、労働協約など法人と従業員との契約により、法人が契約者配当の支払を請求しないことが明らかである場合は、この配当が年金を増加させることから、法人の益金の額に算入しなくてもよいこととされています。

　なお、契約者配当の収益計上額については、危険保険料の割合が僅かであること及び年金支払日までは法人の収益とならない多額の特別配当があることから、養老保険等支払保険料を全額資産計上する場合とは異なり、資産計上している保険料から控除することは認められていません。

33 個人年金保険における契約者配当の取扱い ——年金支払開始日以後に支払を受ける契約者配当

 当社では、自己を契約者、従業員を被保険者とする個人年金保険への加入を考えております。契約者配当金を年金支払開始日以後に受け取る場合、経理処理はどのようになりますか。

A 年金支払開始日以後に支払を受ける契約者配当としては、年金支払日に支払われる特別配当と、年金支払期間中の契約者配当とがあります。

① 特別配当

　i　年金受取人が法人である場合

　　その支払通知があった日の属する事業年度の益金の額に算入することを原則とし、保険会社が年金としてのみ支払うこととし、年金受取人に支払方法の選択の余地のないものであるときには、その通知のあった日の属する事業年度の益金の額に算入しない経理が認められます。

　ii　年金受取人が被保険者（従業員）である場合

　　従業員の雑所得の収入金額となりますので、法人には課税関係は生じません。

② 年金支払期間中の契約者配当

  ⅰ　年金受取人が法人である場合

     契約者配当は、年金支払原資である責任準備金の運用益そのものであって、これを受け取る年金受取人にとっては、受取利子そのものですから、その通知のあった日の属する事業年度の益金の額に算入すべきことになります。

  ⅱ　年金受取人が従業員である場合

     その支払保険料につき給与課税が行われており、この契約者配当の受取に関して法人税の課税関係が生ずることはありません。

③ 契約者配当を一時払保険料に充当した場合

  資産計上した保険料等を取り崩すまでは資産に計上することとされています。

4　資産計上した保険料等の取崩し

　資産に計上した保険料等の取崩しについては、次に掲げる場合の区分に応じそれぞれに掲げるところによります（個人年金保険通達5）。

⑴　年金支払開始日前に死亡給付金支払の保険事故が生じた場合

　死亡給付金が死亡給付金受取人に支払われ、保険契約は消滅するので、その保険事故が生じた日（死亡給付金の受取人がその法人である場合には、死亡給付金の支払通知を受けた日）の属する事業年度において、その保険契約に基づいて資産に計上した支払保険料の額及び資産に計上した契約者配当等の額の全額を取り崩して損金の額に算入します。

　なお、死亡給付金の受取人が法人であるときには、支払を受ける死亡給付金の額及び契約者配当等の額を法人の益金の額に算入します。

⑵　年金の受取人が役員又は使用人である保険契約に係る年金支払開始日が到来した場合

　保険料についてその支払の都度、役員又は使用人に対する給与課税を行っており、年金支払開始日に契約者配当金の受取人は法人から、役員又は使用人に移ることとなるので、その年金支払開始日の属する事業年度において、その保険契約に基づいて資産に計上した契約者配当等の額の全額を取り崩して損金の額に算入します。

⑶　年金の受取人が法人である保険契約に基づいて契約年金及び増加年金の支払を受ける場合

　その年金の支払通知を受けた日の属する事業年度において、その保険契約に基づいて年金支払開始日までに資産に計上した支払保険料の額及び年金支払開始日に責任準備金に充当された契約者配当等の額の合計額（年金積立保険料の額）に、その支払を受ける契約年金（年金支払開始日前の支払保険料に係る年金）の額及び増加年金の額の合計額が年金支払総額に占める割合を乗じた金額に相当する額の年金積立保険料の額を取り崩して損金の額に算入します。

　算式を示すと次のとおりです。

　［算式］

$$
年金積立保険料の額 \times \frac{支払を受ける契約年金の額＋増加年金の額}{年金支払総額}
$$

　この場合の「年金支払総額」は、個人年金の種類によって次のようになります。

①　保険契約が確定年金（あらかじめ定められた期間（保証期間）中は被保険者の生死にかかわらず年金が支払われることとされているもの）である場合……保証期間中に支払われる契約年金の額及び増加年金の額の合計額

②　保険契約が保証期間付終身年金（保証期間中は被保険者の生死にかかわらず年金が支払われ、あるいは保証期間中に被保険者が死亡したときには保証期間に対応する年金の支払残額が支払われ、保証期間経過後は年金支払開始日の応当日に被保険者が生存しているときに年金が支払われるもの）である場合……保証期間と被保険者の余命

年数（年金支払開始日における所得税法施行令の別表「余命年数表」に掲げる余命年数）の期間とのいずれか長い期間中に支払われる契約年金の額及び増加年金の額の合計額。ただし、保証期間中に被保険者が死亡したとき以後にあっては、保証期間中に支払われる契約年金の額及び増加年金の額の合計額

③　保険契約が有期年金（保証期間中において被保険者が生存しているときに年金が支払われ、保証期間中に被保険者が死亡した場合で年金基金残額があったときには死亡一時金が支払われるもの）である場合……被保険者の生存を前提に、保証期間中に支払われる契約年金の額及び増加年金の額の合計額

なお、保証期間付終身年金で、かつ、被保険者の余命年数の期間中の年金支払総額に基づき年金積立保険料の額の取崩額を算定している保険契約に係る被保険者が死亡した場合には、次の額をその死亡の日の属する事業年度の損金の額に算入することができます。

①　死亡の日が保証期間経過後であるときは、その保険契約に係る年金積立保険料の額の取崩残額の全額

②　死亡の日が保証期間中であるときは、その保険契約に係る年金積立保険料の額に、既に支払を受けた契約年金の額及び増加年金の額の合計額が保証期間中の年金総額に占める割合から同合計額が余命年数の期間中の年金支払総額に占める割合を控除した割合を乗じた額に相当する額の年金積立保険料の額

⑷　年金支払開始日後の契約者配当により買い増した年金（買増年金）の支払を受ける場合

　その買増年金の支払を受ける日の属する事業年度において、1年分の買増年金ごとに次の算式により求められる額に相当する額（支払を受ける買増年金が分割払の場合には、分割回数によりあん分した額）の買増年金積立保険料の額を取り崩して損金の額に算入します。

　なお、その保険契約が保証期間付終身年金で、保証期間及び被保険者の余命年数の期間のいずれをも経過した後においては、その保険契約に係る買増年金積立保険料の額の全額を取り崩して損金の額に算入します。

［算式］

$$
\begin{array}{l}\text{買増年金の受取りに伴}\\\text{い取り崩すべき「買増}\\\text{年金積立保険料」の額}\\\text{（年額）}\end{array} = \begin{array}{l}\text{前年分の買増年金の受}\\\text{取りの時においてこの}\\\text{算式により算定される}\\\text{取崩額（年額）}\end{array} + \dfrac{\text{新たに一時払保険料に充当した契約者配当の額}}{\text{新たに一時払保険料に充当した後の年金の支払回数}}
$$

⑸　法人が年金の一時支払を受ける場合

　保険契約が年金の一時支払のときに消滅するものか否かに応じて、それぞれ次に掲げるところによります。

　①　その保険契約が年金の一時支払のときに消滅するもの……年金の一時支払を受ける日の属する事業年度において、年金積立保険料の額及び買増年金積立保険料の額の取崩残額の全額を取り崩して損金の額に算入します。

　②　その保険契約が年金の一時支払のときには消滅しないもの……年金の一時支払を受ける日の属する事業年度において、年金積立

保険料の額及び買増年金積立保険料の額につき保証期間の残余期間を通じて年金の支払を受けることとした場合に取り崩すこととなる額に相当する額を取り崩して損金の額に算入し、その余の残額については、保証期間経過後の年金の支払を受ける日の属する事業年度において、前記(3)及び(4)に基づき算定される額に相当する額の年金積立保険料の額及び買増年金積立保険料の額を取り崩して損金の額に算入します。

なお、年金の一時支払を受けた後に被保険者が死亡した場合には、その死亡の日の属する事業年度において、その保険契約に係る年金積立保険料の額及び買増年金積立保険料の額の取崩残額の全額を取り崩して損金の額に算入します。

(6)　保険契約を解約した場合及び保険契約者の地位を変更した場合

その事実が生じた日の属する事業年度において、資産に計上した支払保険料の額及び資産に計上した契約者配当等の額の全額を取り崩して損金の額に算入します。

5 個人年金保険における保険契約上の地位の変更

　個人年金保険は、年金支払開始日前に限りその保険契約者の地位を変更することができることから、被保険者である役員又は使用人の退職等に伴い、法人が加入していた保険契約上の地位（保険契約者、死亡保険金及び年金の受取人）をその役員又は使用人に変更する場合があります。

　その場合、その個人年金保険について以後被保険者である役員又は使用人が全権利を有することになり、引継ぎを受けた役員又は使用人は、その保険を継続するか、それとも解約して解約返戻金を収受するかなどを自らの意思により決定することができますから、役員又は使用人に係る課税関係については、所得税基本通達36－37に準じ、原則、法人からその契約を解約した場合の解約返戻金の額に相当する額（契約者配当等の額がある場合には、その金額を加算した額）の退職給与又は賞与の支払があったものとして取り扱われます（個人年金保険通達6）。

　しかしながら、その個人年金保険の年金受取人の変更がない場合、つまり変更前から年金受取人が被保険者である役員又は使用人であったものの引継ぎである場合にあっては、既にそれまでに法人が負担した支払保険料に付き給与課税が行われていますから、引継ぎに際して経済的利益の供与があったとすることには無理があります。

　そこで、解約返戻金の額に相当する額（契約者配当等の額がある場合には、その金額を加算した額）の退職給与又は賞与の支払があったものとして取り扱うのは、保険契約者の変更とともに、年金受取人の変更があった場合に限られることになります。

6　「法人が契約する個人年金保険に係る法人税の取扱い」のまとめ

項目＼保険金受取人	死亡保険金：法　人 年　　　金：法　人	死亡保険金：遺　族 年　　　金：従業員	死亡保険金：遺　族 年　　　金：法　人	該当 解説項目
①支払保険料の取扱い	全額を資産計上 （9－3－4(1)に同じ）	全額を給与 （9－3－4(2)に同じ）	積立保険料部分（90％） は資産計上、死亡保険料 部分（10％）は単純損金 （特定者対象の場合は、 給与）	2 （112ページ）
②支払開始日前の契約者配当金の取扱い（積立て自由引出し）	全額益金算入	全額益金算入 　ただし、引き出さない ことが、従業員との契約 により明らかである場合 は、益金不算入の処理を 認める。	全額益金算入	3(1) （119ページ）
③支払開始日前の死亡の場合	死亡保険金及び配当金等 を益金算入 積立保険料又は積立配当 金等の取崩し	積立配当金等の取崩し （単純損金） （死亡保険金及び配当金 等は相続財産）	積立保険料及び積立配当 金等の取崩し （単純損金） （死亡保険金及び配当 金等は相続財産）	4(1) （126ページ）
④積立配当金等の増加保険料への充当（支払開始日）	法人税の課税関係なし （積立配当金等の積立保 険料への振替）	積立配当金等の取崩し （単純損金） （年金受給時に雑所得課 税）	法人税の課税関係なし （積立配当金等の積立保 険料への振替）	－
⑤支払開始日の配当金の取扱い	益金算入 　ただし、年金としての み支払われるもの（受取 人の選択によるものを除 く。）については、益金 不算入の処理を認める。	法人税の課税関係なし （雑所得の収入金額）	益金算入 　ただし、年金としての み支払われるもの（受取 人の選択によるものを除 く。）については、益金 不算入の処理を認める。	3(2) イ （120ページ）
⑥支払開始日後の配当金の取扱い	益金算入 ・一時払保険料に充当し た額は買増年金積立保 険料 ・積み立てた金額は積立 配当金	法人税の課税関係なし （雑所得の収入金額）	益金算入 ・一時払保険料に充当し た額は買増年金積立保 険料 ・積み立てた金額は積立 配当金	3(2) ロ、ハ （122ページ）
⑦年金受給時の取扱い	年金の額を益金算入 年金額等に応じた積立保 険料及び買増年金積立保 険料の取崩し	法人税の課税関係なし （所令183による）	年金の額を益金算入 年金額等に応じた積立保 険料及び買増年金積立保 険料の取崩し	4 (2)～(5) （126～130ページ）
⑧保険契約上の地位を法人から従業員に変更（年金支払開始日前）	解約返戻金相当額（積立 配当金等の額を含む。） は退職給与等 積立保険料又は積立配当 金等の取崩し	積立配当金等の取崩し （単純損金）	解約返戻金相当額（積立 配当金等の額を含む。） は退職給与等 積立保険料又は積立配当 金等の取崩し	4(6) 5 （130、131ページ）

第4　会社役員賠償責任保険

　会社役員賠償責任保険（Ｄ＆Ｏ保険）の保険料の税務上の取扱いについては、社団法人日本損害保険協会からの照会に対する回答という形で明らかにされていました（平成6年1月20日付課法8-2「会社役員賠償責任保険の保険料の税務上の取扱いについて」）。

　その後、平成27年7月24日に公表された「コーポレート・ガバナンス・システムの在り方研究会」（経済産業省の研究会）の取りまとめ報告書である「コーポレート・ガバナンスの実践〜企業価値向上に向けたインセンティブと改革〜」において、株主代表訴訟敗訴時担保部分に係る会社法の解釈の明確化が図られ、その内容を踏まえた新たな会社役員賠償責任保険の保険料の税務上の取扱いが明らかにされました（平成28年2月24日付法人課税課情報第1号他「新たな会社役員賠償責任保険の保険料の取扱いについて（情報）」）。

　また、令和元年12月11日の会社法の改正によって、新たに会社役員賠償責任保険に係る契約に関する規定が設けられ、その改正内容を踏まえた会社役員賠償責任保険の保険料の税務上の取扱いが明らかにされています（令和2年9月30日付法人課税課情報第7号他「令和元年改正会社法施行後における会社役員賠償責任保険の保険料の税務上の取扱いについて（情報）」）。

1　会社役員賠償責任保険の内容等

(1)　保険の内容

　会社役員賠償責任保険は、法人が自己を契約者としてすべての役員（会社法上の取締役・執行役・監査役及び執行役員）を被保険者として加入し被保険者が業務につき行った作為・不作為（法令違反を認識しながら行った行為など一定の免責事由は除く。）に基因して、保険期間中に株主又は第三者からの損害賠償請求を受けた場合に、被保険者がこれにより被る法律上の損害賠償金及び争訟費用を保険金として支払うものです。

　この場合の法律上の損害賠償金とは、法律上の損害賠償責任に基づく賠償金であり、本来納付すべき税金、罰金は除かれます。また、争訟費用とは、被保険者に対する損害賠償責任を追及する争訟（訴訟、仲裁、調停等）によって生じた費用とされています。また、法人の連結対象子会社の役員についても、被保険者に追加することもできるようです。

(2)　契約の内容

イ　従前の取扱い

　従前は、普通保険約款等において、株主代表訴訟で役員が敗訴して損害賠償責任を負担する場合の危険を担保する部分（株主代表訴訟敗訴時担保部分）を免責する旨の条項を設けた上で、別途、その部分を保険対象に含める旨の特約（株主代表訴訟担保特約）を付帯する形態で販売されてきました。

　従前の会社役員賠償責任保険の支払対象を示すと次のようになり

ます。

範囲／請求者	会社役員賠償責任保険の対象範囲	
	役員勝訴	役員敗訴
株　主		株主代表訴訟担保特約で対象
第三者	基本契約（普通保険約款）で対象	

ロ　新たな取扱い

　前述した経済産業省の研究会が取りまとめた報告書「コーポレート・ガバナンスの実践～企業価値向上に向けたインセンティブと改革～」においては、会社が利益相反の問題を解消するための次の手続を行えば、会社が株主代表訴訟敗訴時担保部分に係る保険料を会社法上適法に負担することができるとの解釈が示されました。

①　取締役会の承認

②　社外取締役が過半数の構成員である任意の委員会の同意又は社外取締役全員の同意の取得

　この会社法の解釈の明確化を踏まえ、会社が株主代表訴訟敗訴時担保部分に係る保険料を会社法上適法に負担することができる場合には、株主代表訴訟敗訴時担保部分を特約として区分する必要がなくなることから、普通保険約款等において株主代表訴訟敗訴時担保部分を免責する旨の条項を設けない新たな会社役員賠償責任保険の販売が開始されました。

　ただし、普通保険約款等の変更に時間を要する等の事情があることから、普通保険約款等を変更するまでの暫定的な取扱いとして、普通保険約款等において設けられている株主代表訴訟敗訴時担保部

分を免責する旨の条項を適用除外とし、普通保険約款等の保険料と株主代表訴訟敗訴時担保部分の保険料が一体とみなされる旨の特約を追加で付帯するものも考えられます。

　新たな会社役員賠償責任保険の支払対象を示すと次のようになり、この支払対象は、令和元年の会社法の改正後も同様と考えられます。

範囲 請求者	会社役員賠償責任保険の対象範囲	
	役員勝訴	役員敗訴
株　主		基本契約（普通保険約款）又は 株主代表訴訟担保特約で対象
第三者	基本契約（普通保険約款）で対象	

2　令和元年改正会社法施行後における会社役員賠償責任保険の保険料の税務上の取扱い

　令和元年に改正した会社法施行後における会社役員賠償責任保険の保険料の税務上の取扱いについては、次のようになります。

　なお、その会社法の施行日は、令和3年3月1日であり、同日以後に会社と保険者との間で締結された保険契約について適用され、同日前に会社と保険者との間で締結された保険契約については、後記**3**の取扱いが適用されます（会社法の一部を改正する法律（令和元年法律第70号）附則7、会社法の一部を改正する法律の施行期日を定める政令（令和2年政令第325号））。

⑴　会社役員賠償責任保険の保険料を会社が、会社法430条の3第1項の規定に基づき、株主総会（取締役会設置会社にあっては、取締役会）の決議により、会社法上適法に負担した場合

　役員に対する経済的利益の供与はないと考えられることから、役員個人に対する給与課税を行う必要はないとされています。

　したがって、会社が支払う保険料は、全額単純損金として取り扱われます。

⑵　会社役員賠償責任保険の保険料を会社が、上記⑴以外の方法により、負担した場合

　従前の取扱い（後記**4**⑵参照）のとおり、役員に対する経済的利益の供与があったと考えられることから、株主代表訴訟敗訴時担保部分の保険料について、役員個人に対する給与課税を行う必要があるとされています。

　したがって、会社が支払う株主代表訴訟敗訴時担保部分の保険料は、過大役員報酬等に該当しない限り、定期同額給与として損金として取り扱われ（法基通9－2－11）、それ以外の保険料は、単純損金として取り扱われます。

　（注）　会社法430条の3第1項の規定とは、次のように規定されています。

　　　　会社法430条の3　株式会社が、保険者との間で締結する保険契約のうち役員等がその職務の執行に関し責任を負うこと又は当該責任の追及に係る請求を受けることによって生ずることのある損害を保険者が塡補することを約するものであって、役員等を被保険者とするもの（当該保険契約を締結することにより被保険者である役員等の職務の執行の適正性が著しく損なわれるおそれがないものとして法務省令で定めるものを除く。第三項ただし書において「役員等賠償責任保険契約」という。）の内容の決定をするには、株主総会（取締役会設置会社にあっては、取締役会）の決議によらなければならない。

3 経済産業省の研究会が取りまとめた報告書を踏まえた会社役員賠償責任保険の保険料の税務上の取扱い

　経済産業省の研究会が取りまとめた報告書を踏まえた会社役員賠償責任保険の保険料の税務上の取扱いについては、次のようになります。

　なお、令和3年3月1日以後に会社と保険者との間で締結された保険契約については、前記2の取扱いが適用されます（会社法の一部を改正する法律（令和元年法律第70号）附則1、7、会社法の一部を改正する法律の施行期日を定める政令（令和2年政令第325号））。

(1)　会社役員賠償責任保険の保険料を会社が、取締役会の承認及び社外取締役が過半数の構成員である任意の委員会の同意又は社外取締役全員の同意の取得の手続（前記1(2)ロ①及び②の手続）を行うことにより、会社法上適法に負担した場合

　役員に対する経済的利益の供与はないと考えられることから、役員個人に対する給与課税を行う必要はないとされています。

　したがって、会社が支払う保険料は、全額単純損金として取り扱われます。

(2)　会社役員賠償責任保険の保険料を会社が、上記(1)以外の方法により、負担した場合

　従前の取扱い（後記4(2)参照）のとおり、役員に対する経済的利益の供与があったと考えられることから、株主代表訴訟敗訴時担保部分の保険料について、役員個人に対する給与課税を行う必要があるとされています。

　したがって、会社が支払う株主代表訴訟敗訴時担保部分の保険料は、過大役員報酬等に該当しない限り、定期同額給与として損金として取り扱われ（法基通9－2－11）、それ以外の部分の保険料は、単純損金として取り扱われます。

4　従前の会社役員賠償責任保険の保険料の税務上の取扱い

　従前（前記3の取扱いが適用される前）の会社役員賠償責任保険の保険料の税務上の取扱いについては、次のようになります。

(1)　基本契約（普通保険約款部分）の保険料

　第三者訴訟の役員敗訴に係る部分並びに第三者訴訟及び株主代表訴訟の役員勝訴に伴う争訟費用の補償に係る部分の保険料については、次の理由から、その保険料を会社が負担したとしても経済的利益の供与として役員個人に給与課税しなくても差し支えないとされています。

　したがって、会社が支払う基本契約の保険料は、単純損金として取り扱われます。

① 　第三者訴訟の役員敗訴に伴う損害賠償金に係る部分について

　　所得税基本通達36－33（使用者が負担する役員又は使用人の行為に基因する損害賠償金等）及び法人税基本通達9－7－16（法人が支出した役員等の損害賠償金）においても、会社の業務の遂行に関連して生じた損害賠償金を会社が負担せざるを得ないような場合には、給与課税を行わないこととされていること。

② 　株主代表訴訟及び第三者訴訟の役員の勝訴に伴う争訟費用の補償に係る部分について

　　この部分の保険料は、役員に損害賠償責任が生じない場合の争訟費用を補償するものであることから、この部分の保険料を会社が負担しても、役員個人に対して経済的利益の供与はないと考えられる

こと。

(注)　国税速報第4627号（平成6年2月10日）において、国税庁担当官
　　は次のような理由を述べています。

　　(イ)　第三者訴訟の役員敗訴に伴う損害賠償金に係る部分について

　　　　・　当該訴訟による損害賠償金は、会社との取引等によって第三
　　　　　者に損害が生じた場合に請求されるもので、会社に資力がない
　　　　　こと等を理由に、役員に対してその責任の追及という形で請求
　　　　　されるものであることから、当該保険料の会社負担は、会社自
　　　　　身の損害賠償義務の履行を確実にするための費用であるとも考
　　　　　えられること。

　　　　・　損害賠償金の会社負担についての取扱いを定めた所得税基本
　　　　　通達36-33（使用者が負担する役員又は使用人の行為に基因す
　　　　　る損害賠償金等）及び法人税基本通達9-7-16（法人が支出
　　　　　した役員等の損害賠償金）においても、会社の社会的、あるい
　　　　　は道義的責任によって損害賠償金を会社が負担せざるを得ない
　　　　　ような場合（例：自動車事故の保有者・使用者責任）には、給
　　　　　与課税を行わないこととされており、当該保険料の会社負担も
　　　　　これと同様に取り扱って差し支えないと考えられること。

　　(ロ)　役員の勝訴（株主代表訴訟及び第三者訴訟）に伴う争訟費用の
　　　　補償に係る部分について

　　　　・　適正な業務を行っている役員の危険負担をカバーするもので
　　　　　あり、不当な訴えに萎縮することなく役員が安心して職務に精
　　　　　励することができる環境を整備するため、あるいは有能な人材
　　　　　を確保するため等の目的をもつ、会社経営自体を防御するため

の費用と考えられること。

・　役員の職務責任が追及できない場合の支出であり、「いいがかり的あるいは嫌がらせ的な訴訟」から正当に業務を遂行している役員を守るために会社自体が支出すべき費用とも考えられること。

⑵　株主代表訴訟担保契約の保険料（特約保険料）

　この部分の保険料（株主代表訴訟の役員敗訴に伴う損害賠償金及び争訟費用の補償に係る部分）については、会社が負担することを許されず、役員個人が負担すべきとする会社法上の問題を配慮し、これを会社負担とした場合には、役員に対して経済的利益の供与があったものとして給与課税を行うこととされています。

　したがって、会社が支払うこの特約保険料は、過大役員給与等に該当しない限り、損金の額に算入されることになります。

　(注)　国税速報第4627号（平成6年2月10日）において、国税庁担当官は次のような理由を述べています。

　　○　株主代表訴訟担保契約の保険料（特約保険料）

　　　　株主代表訴訟の役員敗訴に伴う損害賠償金及び争訟費用の補償に係る部分、すなわち、株主代表訴訟敗訴のケースを補償する保険料を会社が負担することについては、会社法上これを許さず役員個人が支払うべきとする見解（学説）が大勢を占めており、法務省参事官の見解も「役員が会社に対して損害を与えた場合に備える保険料の負担は、①会社と役員の利益相反性があること、②違法行為の抑制効果を減殺すること、③役員に対する無償の利益

供与に当たるとも考えられることから問題」としています（旬刊商事法務No.1326、1993年（社団法人商事法務研究会）参照）。

　また、当該ケースを補償する保険料部分が特約契約保険料として明確に区分され、その加入及び保険料の会社負担に選択性があることからみても、役員個人が負担すべきとする当該保険料部分（特に区分された部分の保険料）を会社が負担した場合にこれを税務上経済的利益なしとする理由もなく、その供与された経済的利益に対しては給与課税を行うべきであると考えられます。

5 保険料負担の配分方法

(1) 特約保険料の役員間の配分について

取締役の報酬の総額及び監査役の報酬の総額は定款又は株主総会の決議により定められることになっていますが、通常その配分額は、取締役会及び監査役の協議に委ねられており、特約保険料の役員間の配分もまた取締役会及び監査役の協議において合理的な配分方法を定め得るものと考えられますが、実務上は、次のような方法によって配分することも認められています。

① 役員の人数で均等に分担する方法（役員は会社に対して連帯して責任を負うものとされていることを考慮し、役員全員において均等に負担する方法（無報酬役員の配分割合の縮小等を考慮するものを含む。））

② 役員報酬に比例して分担する方法（役員と会社との関係は有償の委任及び準委任の関係と解されており、報酬に差がある以上危険負担も同程度の差があると考えられることから、報酬額に比例して保険料を負担する方法）

③ 会社法上の役割別に分担する方法（会社法に定められた代表取締役、取締役、監査役ごとにそれぞれの役割に応じた額を定める方法）

(2) 保険料（基本契約の保険料及び特約保険料）の会社間の配分について

子会社を含めた契約を契約者が希望する場合には、保険料は一括して算定されることになりますが、この場合の保険料の各子会社への配

分額は、その契約に当たって保険会社から示された子会社ごとの保険料査定額（保険料の内訳）に従って決定することになります。

34 会社役員賠償責任保険の保険料の負担

　当社では、株主代表訴訟が提起され、株主から損害賠償の請求を受けることに対処するため、損害保険会社が発売している「会社役員賠償責任保険」に加入することを考えています。当社がこの役員賠償責任保険に加入して保険料を負担した場合、その保険料の額は被保険者の役員に対する給与（定期同額給与）として課税する必要がありますか。

　また、仮に加入しなかった場合の弁護士費用等を当社が負担した場合には、どのように取り扱われるのでしょうか。

　会社が支払う株主代表訴訟敗訴時担保部分の保険料は、次の区分に応じて、それぞれ取り扱われ、それ以外の保険料は、単純損金として取り扱われます。

①　会社が、会社法430条の3第1項の規定に基づき、株主総会（取締役会設置会社にあっては、取締役会）の決議により、会社法上適法に負担した場合

　役員に対する経済的利益の供与はないと考えられることから、役員個人に対する給与課税を行う必要はないため、会社が支払う保険料は、単純損金として取り扱われます。

②　会社が、上記①以外の方法により、負担した場合

　役員に対する経済的利益の供与があったと考えられることから、

　役員個人に対する給与課税を行う必要があり、会社が支払う保険料は、過大役員報酬等に該当しない限り、定期同額給与として損金として取り扱われます。

　なお、会社役員賠償責任保険に加入していない場合に、会社が株主代表訴訟に係る弁護士費用等の争訟費用を負担した場合のその費用の額は、役員が勝訴した場合は損金の額に算入されますが、敗訴の場合は臨時的な経済的利益の供与である役員賞与として損金不算入として取り扱われることになります。

第5 令和元年改正前の定期保険及び第三分野保険に係る取扱い

　本項の取扱いは、令和元年の通達改正（令和元年6月28日課法2-13他「法人税基本通達等の一部改正について（法令解釈通達)」）により廃止されたものですが、令和元年7月8日前（前記第1　1(2)「定期保険及び第三分野保険」ニについては、令和元年10月8日前）の契約に係る定期保険及び第三分野保険の保険料については、引き続き本項の取扱いが適用されます（同法令解釈通達別紙第1「二　経過的取扱い」）。

　なお、同日以後の契約に係る定期保険及び第三分野保険の保険料については、前記第1　1(2)「定期保険及び第三分野保険」を参照してください。

　また、本項に記載している条文及び通達等は、令和元年の通達改正前の内容に基づいています。

1　長期平準定期保険

　長期平準定期保険は、保険期間が長期であり、その間の各年の支払保険料が平準化していることから、保険期間の前半には相当多額の前払保険料部分が含まれている（この部分及びその運用益を後半における保険料の不足部分に充当することとしている。）ため、中途解約の場合には相当多額の解約返戻金が支払われます。従来型の一般定期保険についても解約返戻金が支払われることはありますが、その額は少額であり、通常は解約を前提に契約をするといった例もなく、課税上の弊害を特に問題にする必要はありませんでした。

　しかしながら、長期平準定期保険の場合、中途解約により相当多額の解約返戻金を得ることができるにもかかわらず、従来型の一般定期保険の取扱いと同じく、保険料を期間の経過に応じて単純に損金の額に算入することを認めるとするならば、解約を予定してこの保険に加入することによって、課税利益の先送りが可能となります。

　そこで、一つのルールとして、保険期間満了時の被保険者の年齢が70歳を超え、かつ、保険加入時の被保険者の年齢に保険期間の２倍に相当する数を加えた数が105を超える定期保険の保険料については、次のとおり取り扱うこととされています（昭62.6.16付直法２−２「法人が支払う長期平準定期保険等の保険料の取扱いについて」通達）。「長期平準定期保険等」とは、長期平準定期保険及び逓増定期保険をいいます。

①　保険期間の開始の時からその保険期間の６割に相当する期間（前払期間に１年未満の端数がある場合には、その端数を切り捨てた期間を前払期間とする。）にあっては、各年の支払保険料の２分の１を前払金等として資産計上し、残額の２分の１相当額を一般定期保険の保険料の取扱いの例（前記第１　1(2)「定期保険及び第三分野保険」イ参照）により損金の額に算入されます。

②　保険期間のうち前払期間を経過した後の期間にあっては、各年の支払保険料の額を一般定期保険の保険料の取扱いの例により損金の額に算入するとともに、①により資産計上した前払金等の累積額をその期間の経過に応じ取り崩して損金の額に算入することになります。

　なお、養老保険等に付された長期平準定期保険等特約（特約の内容

が長期平準定期保険等と同様のものをいう。）に係る保険料が主契約た
る養老保険等に係る保険料と区分されている場合には、その特約に係
る保険料についてこの取扱いが適用されます。

　ところで、長期平準定期保険に該当する場合であっても、その被保
険者が役員又は部課長その他特定の使用人（これらの者の親族を含む。）
であり、死亡保険金の受取人を被保険者の遺族としている場合は、そ
の支払った保険料はそれらの者に対して給与を支給したことになりま
すので、この取扱いの適用はないことになります。

　また、保険期間中や保険期間満了時等に解約返戻金の支払が行われ
ない長期平準定期保険については、一般定期保険と同様、課税上の弊
害が生じることがないことから、支払保険料については期間の経過に
応じて損金の額に算入されることになります（「解約返戻金のない定期
保険の取扱い」国税庁ホームページ通達等参照）。

2　逓増定期保険

　逓増定期保険は、保険期間中の保険金額が毎年逓増していくにもかかわらず、各年の支払保険料が平準化していることから、長期平準定期保険と同様に保険期間の前半には相当多額の前払保険料部分が含まれている（この部分を後半における保険料の不足部分に充当することとしている。）ため、中途解約の場合には相当多額の解約返戻金が支払われ、従来の定期保険等の取扱いでは損失の計上が先行し、課税利益の先送りが可能となる問題がありました。

　そこで、長期平準定期保険と同様に一つのルールとして、保険期間の経過により保険金額が5倍までの範囲で増加する定期保険のうち、その保険期間満了の時における被保険者の年齢が60歳を超え、かつ、当該保険に加入した時における被保険者の年齢に保険期間の2倍に相当する数を加えた数が90を超える逓増定期保険の保険料については、一定の期間を前払期間とし、一部の金額を前払金等として資産に計上することとして取り扱われていました（平8課法2-3「法人が支払う長期平準定期保険等の保険料の取扱いについて」通達一部改正）。

　しかしながら、上記改正通達の発遣後10年余が経過し、金利水準をはじめとする金融環境の変化や保険会社各社の商品設計の多様化等により、逓増定期保険の保険料に含まれる前払保険料の割合等にも変化がみられることから、その実態に応じて取扱いの見直しが行われ、平成20年2月28日以後の契約に係る逓増定期保険の保険料については、保険期間の経過により保険金額が5倍までの範囲で増加する定期保険のうち、その保険期間満了の時における被保険者の年齢が45歳を超え

る逓増定期保険の保険料については、次の区分に応じて保険の期間の開始の時からその保険期間の6割に相当する期間を前払期間とし、次の金額を前払金等として資産に計上することとして取り扱われることになりました（平20課法2－3「法人が支払う長期平準定期保険等の保険料の取扱いについて」通達の一部改正）。

① 保険期間満了の時における被保険者の年齢が45歳を超えるもの（②及び③に該当するものを除く。）……各事業年度の支払保険料の2分の1に相当する金額

② 保険期間満了の時における被保険者の年齢が70歳を超え、かつ、当該保険に加入した時における被保険者の年齢に保険期間の2倍に相当する数を加えた数が95を超えるもの（③に該当するものを除く。）……各事業年度の支払保険料の3分の2に相当する金額

③ 保険期間満了の時における被保険者の年齢が80歳を超え、かつ、当該保険に加入した時における被保険者の年齢に保険期間の2倍に相当する数を加えた数が120を超えるもの……各事業年度の支払保険料の4分の3に相当する金額

ただし、役員又は部課長その他特定の使用人（これらの者の親族を含む。）のみを被保険者とし、死亡保険金の受取人を被保険者の遺族としている場合には、その保険料の全額が当該役員又は使用人に対する給与として取り扱われます。

なお、養老保険等に付された長期平準定期保険等特約（特約の内容が長期平準定期保険等と同様のものをいう。）に係る保険料が主契約たる養老保険等に係る保険料と区分されている場合には、その特約に係る保険料についてこの取扱いが適用されます。

35 長期平準定期保険・逓増定期保険の具体的判定と経理処理

 定期保険について長期平準定期保険、逓増定期保険に該当するか否かの具体的判定及び経理処理はどのように行うのでしょうか。

 定期保険が一般定期保険、長期平準定期保険、逓増定期保険のいずれに該当するかは前述のルールにより行うことになりますが、具体例は次のようになります。

具体例による保険料の取扱い

〔例1〕

○　保険種類：定期保険（特約なし）

○　被保険者年齢：40歳

○　保険期間・払込期間：10年間

○　保険料（年払）：369,500円

長期平準性テスト　……　保険期間満了年齢50歳＜70歳

判　定　……　一般定期保険（全額損金算入）

経理処理

　（借）支払保険料　369,500円　　（貸）現金預金　369,500円

〔例2〕

○　保険種類：定期保険（特約なし）

○　被保険者年齢：40歳

○　保険期間・払込期間：32年間

○　保険料（年払）：897,200円

長期平準性テスト1　……　保険期間満了年齢72歳＞70歳

長期平準性テスト2　……　契約年齢＋保険期間×2＝104＜105

判　定　……　一般定期保険（全額損金算入）

経理処理

（借）支払保険料　897,200円　　（貸）現金預金　897,200円

〔例3〕

○　保険種類：定期保険（特約なし）

○　被保険者年齢：40歳

○　保険期間・払込期間：50年間

○　保険料（年払）：1,821,600円

長期平準性テスト1　……　保険期間満了年齢90歳＞70歳

長期平準性テスト2　……　契約年齢＋保険期間×2＝140＞105

判　定　……　長期平準定期保険（2分の1損金算入）

経理処理

　30年目まで

（借）支払保険料　910,800円　　（貸）現金預金　1,821,600円

　　　前払保険料　910,800円

31年目以降

（借）支払保険料　3,187,800円　　　（貸）現金預金　　1,821,600円

　　　　　　　　　　　　　　　　　　　　前払保険料　1,366,200円

〔例4〕

○　保険種類：定期保険（逓増定期保険特約付き）

○　被保険者年齢：40歳

○　保険期間・払込期間：32年間

○　保険料（年払）：主契約4,938円、特約2,404,065円

主契約について

　長期平準性テスト1　……　保険期間満了年齢72歳＞70歳

　長期平準性テスト2　……　契約年齢＋保険期間×2＝104＜105

判　定　……　一般定期保険（全額損金算入）

特約について

　逓増定期性テスト1　……　保険期間満了年齢72歳＞70歳

　逓増定期性テスト2　……　契約年齢＋保険期間×2＝104＞95

　判　定　……　逓増定期保険（3分の1損金算入タイプ）

経理処理

　19年目まで

　　（借）支払保険料　　806,293円　　（貸）現金預金　　2,409,003円

　　　　前払保険料　1,602,710円

　20年目以降

　　（借）支払保険料　4,751,425円　　（貸）現金預金　　2,409,003円

　　　　　　　　　　　　　　　　　　　　前払保険料　2,342,422円

〔例5〕

○　保険種類：定期保険（逓増定期保険特約付き）

○　被保険者年齢：40歳

○　保険期間・払込期間：40年間

○　保険料（年払）：主契約6,790円、特約3,691,164円

主契約について

長期平準性テスト1　……　保険期間満了年齢80歳＞70歳

長期平準性テスト2　……　契約年齢＋保険期間×2＝120＞95

判　定　……　長期平準定期保険（2分の1損金算入）

特約について

逓増定期性テスト1　……　保険期間満了年齢80歳＞70歳

逓増定期性テスト2　……　契約年齢＋保険期間×2＝120＞95

判　定　……　逓増定期保険（3分の1損金算入タイプ）

経理処理

24年目まで

（借）支払保険料　1,233,783円　　（貸）現金預金　　3,697,954円

　　　前払保険料　2,464,171円

25年目以降

（借）支払保険料　7,394,210円　　（貸）現金預金　　3,697,954円

　　　　　　　　　　　　　　　　　　　前払保険料　3,696,256円

〔例6〕

○　保険種類：定期保険（逓増定期保険特約付き）

○　被保険者年齢：40歳

○　保険期間・払込期間：50年間

○　保険料（年払）：主契約9,560円、特約5,444,700円

主契約について

　　長期平準性テスト1　……　保険期間満了年齢90歳＞70歳

　　長期平準性テスト2　……　契約年齢＋保険期間×2＝140＞105

　　判　定　……　長期平準定期保険（2分の1損金算入）

特約について

　　逓増定期性テスト1　……　保険期間満了年齢90歳＞80歳

　　逓増定期性テスト2　……　契約年齢＋保険期間×2＝140＞120

　　判　定　……　逓増定期保険（4分の1損金算入タイプ）

経理処理

　　30年目まで

　　（借）支払保険料　　1,365,955円　　　（貸）現金預金　　　5,454,260円

　　　　　前払保険料　　4,088,305円

　　31年目以降

　　（借）支払保険料　11,586,717円　　　（貸）現金預金　　　5,454,260円

　　　　　　　　　　　　　　　　　　　　　　　前払保険料　　6,132,457円

36 逓増定期保険の具体的判定と経理処理

 　令和元年6月28日に逓増定期保険の保険料の取扱いが廃止され、定期保険の保険料の取扱いが改正されたと聞きましたが、平成30年1月に契約した次の内容の定期保険の取扱いも変更しなければならないのでしょうか。

① 保険種類……定期保険（逓増定期保険特約付き）

② 被保険者年齢……40歳

③ 保険期間・払込期間……25年間

④ 保険料（年払）……主契約3,808円、特約1,607,562円

 　逓増定期保険の保険料についての取扱いの廃止及び定期保険の保険料の取扱いの改正は、令和元年7月8日以後の契約に係るものについて適用され、同日前の契約のものについては、変更の対象にはなりません。

　したがって、経理処理は、次のようになります。

　　主契約について

　　　長期平準性テスト1……保険期間満了年齢65歳＜70歳

　　　判　定……一般定期保険

　　特約について

　　　逓増定期性テスト……保険期間満了年齢65歳＞45歳

　　　判　定……逓増定期保険（2分の1損金算入タイプ）

経理処理

　15年目まで

　（借）支払保険料　807,589円　　（貸）現金預金　1,611,370円

　　　　前払保険料　803,781円

　16年目以降

　（借）支払保険料　2,817,042円　（貸）現金預金　1,611,370円

　　　　　　　　　　　　　　　　　　　　前払保険料　1,205,672円

37 逓増定期保険の保険料の取扱い

 定期保険という名称であっても、長期平準定期保険や逓増定期保険については、支払保険料の損金算入が制限されるようですが、逓増定期保険という名称であれば、保険期間等にかかわらず損金算入が制限されるのでしょうか。

 保険期間が長期にわたる長期平準定期保険や、保険期間中の保険金が逓増する逓増定期保険については、毎年の支払保険料が平準化されていることから、保険期間の前半に相当多額の前払保険料が含まれているため、中途解約の場合には多額の解約返戻金が支払われることになり、その支払保険料を単純に損金の額に算入することには課税上の弊害があることから、一定のルールに該当する場合に損金算入が制限されます。

逆に、長期平準定期保険や逓増定期保険という名称であっても一定のルールに該当しない場合には、一般定期保険として、原則支払保険料の全額が損金算入されます。

3　がん保険（終身保障タイプ）

　がん保険については、従来、その保障期間に従って保険料の支払がなされることから、支払の都度、損金算入が認められていました（昭50.10.6日付直審4-76「法人契約のがん保険の保険料の取扱いについて」平13.8.10付課審4-100により、平13.9.1をもって廃止）。

　ところが、保険期間が終身であるがん保険等は、保険期間が長期にわたるものの、高齢化するにつれて高まる発生率等に対し、平準化した保険料を算出していることから、保険期間の前半において中途解約又は失効した場合には、相当多額の解約返戻金が生じます。このため、支払保険料を単に支払の対象となる期間の経過により損金の額に算入することは適当ではないことから、法人が自己を契約者とし、役員又は使用人（これらの者の親族を含む。）を被保険者とするがん保険（終身保障タイプ）及び医療保険（終身保障タイプ）の保険料の取扱いが示されました（平13.8.10付課審4-100「法人契約の『がん保険（終身タイプ）・医療保険（終身タイプ）』の保険料について」）。

　しかしながら、上記法令解釈通達の発遣後10年余りを経過し、保険会社各社の商品設計の多様化等により、「がん保険」の保険料に含まれる前払保険料の割合や解約返戻金の割合にも変化がみられることから、その実態に応じて取扱いの見直しがされました（平24.4.27付課審5-6「法人が支払う「がん保険」（終身保障タイプ）の保険料の取扱いについて」）。ただし、平成24年4月27日前の契約に係るがん保険（終身保障タイプ）に係る取扱いについては、なお従前のとおりとなっています。

(1)　がん保険（終身保障タイプ）の概要

① 契約者等

　法人が自己を契約者とし、役員又は使用人（これらの者の親族を含む。）を被保険者とする契約。

　ただし、役員又は部課長その他特定の使用人（これらの者の親族を含む。）のみを被保険者としており、これらの者を保険金受取人としていることによりその保険料が給与に該当する場合の契約を除きます。

② 主たる保険事故及び保険金

　次に掲げる保険事故の区分に応じ、それぞれ次に掲げる保険金が支払われる契約。

保険事故	保険金
初めてがんと診断	がん診断給付金
がんによる入院	がん入院給付金
がんによる手術	がん手術給付金
がんによる死亡	がん死亡保険金

(注)1　がん以外の原因により死亡した場合にごく少額の普通死亡保険金を支払うものを含むこととします。

　　　2　毎年の付保利益が一定（各保険金が保険期間を通じて一定であることをいう。）である契約に限ります（がん以外の原因により死亡した場合にごく少額の普通死亡保険金を支払う契約のうち、保険料払込期間が有期払込であるもので、保険料払込期間において当該普通死亡保険金の支払がなく、保険料払込期間が終了した後の期間においてごく少額の普通死亡

保険金を支払うものを含む。）。

③　保険期間

保険期間が終身である契約。

④　保険料払込方法

保険料の払込方法が一時払、年払、半年払又は月払の契約。

⑤　保険料払込期間

保険料の払込期間が終身払込又は有期払込の契約。

⑥　保険金受取人

保険金受取人が会社、役員又は使用人（これらの者の親族を含む。）の契約。

⑦　払戻金

保険料は掛け捨てであり、いわゆる満期保険金はありませんが、保険契約の失効、告知義務違反による解除及び解約等の場合には、保険料の払込期間に応じた所定の払戻金が保険契約者に払い戻されることがあります。

(2)　保険料の税務上の取扱い

法人が「がん保険」（終身保障タイプ）に加入してその保険料を支払った場合には、次に掲げる保険料の払込期間の区分等に応じ、それぞれ次のとおりに取り扱います。

イ　終身払込の場合

①　前払期間

加入時の年齢から105歳までの期間を計算上の保険期間（以下「保険期間」という。）とし、当該保険期間開始の時から当該保険

期間の50％に相当する期間（以下「前払期間」という。）を経過するまでの期間にあっては、各年の支払保険料の額のうち2分の1に相当する金額を前払金等として資産に計上し、残額については損金の額に算入します。

（注）　前払期間に1年未満の端数がある場合には、その端数を切り捨てた期間を前払期間とします。

②　前払期間経過後の期間

保険期間のうち前払期間を経過した後の期間にあっては、各年の支払保険料の額を損金の額に算入するとともに、次の算式により計算した金額を、①による資産計上額の累計額（既にこの②の処理により取り崩した金額を除く。）から取り崩して損金の額に算入します。

［算式］

$$資産計上額の累計額 \times \frac{1}{105 - 前払期間経過年齢} = \begin{array}{c}損金算入額\\（年額）\end{array}$$

（注）　前払期間経過年齢とは、被保険者の加入時年齢に前払期間の年数を加算した年齢をいいます。

ロ　**有期払込（一時払を含む。）の場合**

①　前払期間

保険期間のうち前払期間を経過するまでの期間にあっては、次に掲げる期間の区分に応じ、それぞれ次に定める処理を行います。

ⅰ　保険料払込期間が終了するまでの期間

次の算式により計算した金額（以下「当期分保険料」という。）を算出し、各年の支払保険料の額のうち、当期分保険料の2分

の1に相当する金額と当期分保険料を超える金額を前払金等として資産に計上し、残額については損金の額に算入します。

［算式］

$$支払保険料（年額）×\frac{保険料払込期間}{保険期間}=当期分保険料（年額）$$

(注)　保険料払込方法が一時払の場合には、その一時払による支払保険料を上記算式の「支払保険料（年額)」とし、「保険料払込期間」を1として計算します。

ⅱ　保険料払込期間が終了した後の期間

当期分保険料の2分の1に相当する金額を、ⅰによる資産計上額の累計額（既にこのⅱの処理により取り崩した金額を除く。)から取り崩して損金の額に算入します。

②　前払期間経過後の期間

保険期間のうち前払期間を経過した後の期間にあっては、次に掲げる期間の区分に応じ、それぞれ次に定める処理を行います。

ⅰ　保険料払込期間が終了するまでの期間

各年の支払保険料の額のうち、当期分保険料を超える金額を前払金等として資産に計上し、残額については損金の額に算入します。

また、次の算式により計算した金額（以下「取崩損金算入額」という。)を、①のⅰによる資産計上額の累計額（既にこのⅰの処理により取り崩した金額を除く。）から取り崩して損金の額に算入します。

［算式］

$$\left(\frac{当期分保険料}{2}\times 前払期間\right)\times \frac{1}{105-前払期間経過年齢}$$

＝取崩損金算入額

ⅱ　保険料払込期間が終了した後の期間

当期分保険料の金額と取崩損金算入額を、①及びこの②のⅰ
による資産計上額の累計額（既に①のⅱ及びこの②の処理により
取り崩した金額を除く。）から取り崩して損金の額に算入します。

ハ　例外的取扱い

保険契約の解約等において払戻金のないもの（保険料払込期間が
有期払込であり、保険料払込期間が終了した後の解約等においてごく小
額の払戻金がある契約を含む。）である場合には、上記**イ**及び**ロ**にか
かわらず、保険料の払込の都度当該保険料を損金の額に算入します。

38 終身払込のがん保険（終身保障）の場合

当社は役員又は使用人を被保険者、保険金受取人を当社とする終身保障タイプのがん保険に加入しています。この保険の保険料払込期間は終身となっています。契約年齢は55歳で保険料は年払で20万円です。

ところで、がん保険については取扱いの変更により、一定期間支払保険料が損金算入されないことになったと聞きましたが、従来からの契約についてもそのような取扱いを受けることになるのでしょうか。

① 契約者………………当社

② 被保険者……………役員又は使用人

③ 保険金受取人………当社

④ 保険料払込期間……終身

がん保険（終身保障タイプ）の保険料の取扱いについては、平成24年前契約によるものと、同日以後の契約によるものと異なり、次のように取り扱います。

① 平成24年4月27日前の契約のもの

　保険期間の経過に応じて損金算入することが認められています。

② 平成24年4月27日以後の契約のもの

　加入時の年齢から105歳までの期間を計算上の保険期間とし、この保険期間を前払期間（保険期間開始の時から保険期間の50％に

相当する期間）と前払期間経過後の期間に区分し、前払期間においては、支払保険料の2分の1に相当する金額の損金算入が認められていないことになります。

保険期間　105−55＝50　　　50年間

前払期間　50×50％＝25　　　25年間

(1)　前払期間（加入時～25年目）

（借）支払保険料　10万円　　（貸）現金預金　　20万円

前払保険料　10万円

(2)　前払期間経過後の期間（26年目以降）

（借）支払保険料　30万円　　（貸）現金預金　　20万円

前払保険料　10万円

39 有期払込のがん保険（終身保障）の場合

　　　当社は、この度役員又は使用人を被保険者、保険金受取人を当社とする終身保障タイプのがん保険に加入しました。保険料払込期間は5年とします。

① 契約者………………当社

② 被保険者……………役員又は使用人

③ 保険金受取人………役員又は使用人

④ 保険料払込期間……5年

加入時年齢55歳、保険料年100万円を支払った場合の経理処理はどのようになりますか。

A　　　がん保険は保険期間が長期間にわたるものの平準化した保険料が算出されていることから、保険期間の前半において相当多額の解約返戻金が生じます。

　払込期間が有期払込の場合は、保険料払込期間と保険期間の経過とが対応しておらず、支払う保険料の中に前払保険料が含まれていることから、一時払を含み有期払込の場合は、前払期間と前払期間経過後の期間に分けて計算します。

① 前払期間

　　保険期間（加入時の年齢から105歳までの期間）

$$105 - 55 = 50 \qquad 50年間$$

前払期間　$50 \times \dfrac{1}{2} = 25$　　　25年間

　保険期間（加入時の年齢から105歳までの期間）のうち前払期間（当該保険期間開始の時から当該保険期間の50％に相当する期間）を経過するまでは、保険料払込期間が終了するまでの期間と終了した後の期間に分けて、それぞれ処理します。

ⅰ　保険料払込期間が終了するまでの期間（5年間の処理）

　　［算式］

支払保険料（年額）$\times \dfrac{\text{保険料払込期間}}{\text{保険期間}} =$ 当期分保険料（当期）

100万円（支払保険料）$\times \dfrac{5}{50} = 10$万円（当期分保険料）

（借）　前払保険料　95万円※　　　　　（貸）　現金預金　100万円

　　　支払保険料　5万円

　※　$\left(10\text{万円} \times \dfrac{1}{2} \right) + \left(100\text{万円} - 10\text{万円} \right) = 95$万円

ⅱ　保険料払込期間が終了した後の期間（6年目〜25年目）

　　当期分保険料の2分の1の金額を資産計上額の累計額から取り崩します。

10万円（当期分保険料）$\times \dfrac{1}{2} = 5$万円

（借）　支払保険料　　　5万円　　　　　（貸）　前払保険料　5万円

② 　前払期間経過後の期間

　保険期間のうち前払期間を経過した後は、保険料払込期間が終了するまでの期間と終了した後の期間に分けて、それぞれ処理します。

ⅰ　保険料払込期間が終了するまでの期間

　　終了しています。

ⅱ　保険料払込期間が終了した後の期間

　　前払保険料から当期分保険料の金額と取崩損金算入額を取り崩します。

　　（借）　支払保険料　　　15万円　　　（貸）　前払保険料　15万円

$$\left[\frac{\text{当期分保険料（10万円）}}{2} \times \text{前払期間(25年)} \right] \times$$

$$\left[\frac{1}{105 - \text{前払期間経過年齢（55歳＋25年）}} \right]$$

　　＝取崩損金算入額（5万円）

③　例外的取扱い

　　保険契約の解約等において払戻金のないもの（保険料払込期間が有期払込であり、保険料払込期間が終了した後の解約等においてごく少額の払戻金がある契約を含む。）である場合には、上記①及び②にかかわらず、保険料の払込の都度当該保険料を損金の額に算入します。

4 医療保険（終身タイプ）

医療保険（終身タイプ）については、保険期間が長期にわたるため、高齢化するにつれて高まる保険事故等に比して、保険料が平準化して算出されており、保険料の払込期間によっては相当の前払保険料が含まれていることから保険料を期間ベースで損金とすることは長期平準定期保険料等と同様に損失の計上が先行し、課税利益の先送りが可能となる問題がありました。そこで、平成13.8.10付課審4－100「法人契約の「がん保険（終身タイプ）・医療保険（終身タイプ）」の保険料について」により法人が自己を契約者とし、役員又は使用人（これらの親族の者を含む。）を被保険者とする契約の保険料について取扱いが示されました。

なお、がん保険（終身タイプ）に係る取扱いについては、平24.4.27付課審5－5「法人契約の『がん保険（終身保障タイプ）・医療保険（終身保障タイプ)』の保険料の取扱いについて」の一部改正についてにより、平成24年4月27日をもって廃止されましたが、医療保険（終身タイプ）の保険料については、従前のとおりです。

(1) 医療保険（終身保障タイプ）の概要

① 主たる保険事故及び保険金

保険事故	保険金
災害による入院	災害入院給付金
病気による入院	病気入院給付金
災害又は病気による手術	手術給付金

（注）　保険期間の終了（保険事故の発生による終了を除く。）に際して支払う保険金はありません。

なお上記に加えて、ごく少額の普通死亡保険金を支払うものもあります。

② 　保険期間　　　　　　終身

③ 　保険料払込方法　　　一時払、年払、半年払、月払

④ 　保険料払込期間　　　終身払込、有期払込

⑤ 　保険金受取人　　　　会社、役員又は使用人

（これらの者の親族を含む。）

⑥ 　払戻金

この保険は、保険料は掛け捨てでいわゆる満期保険金はありませんが、保険契約の失効、告知義務違反による解除及び解約等の場合には、保険料の払込期間に応じた所定の払戻金が保険契約者に払い戻されます。

⑵　保険料の税務上の取扱い

イ　保険金受取人が会社の場合

① 　終身払込の場合は、保険期間の終了（保険事故の発生による終了を除く。）に際して支払う保険金がないこと及び保険契約者にとって毎年の付保利益は一定であることから、保険料は保険期間の経過に応じて平準的に費用化することが最も自然であり、その払込の都度損金の額に算入することになります。

② 　有期払込の場合は、保険料払込期間と保険期間の経過とが対応しておらず、支払う保険料の中に前払保険料が含まれていること

から、生保標準生命表の最終の年齢「男性106歳、女性109歳」を
参考に「105歳」を「計算上の満期到達時年齢」とし、払込保険
料に「保険料払込期間を105歳と加入時年齢の差で除した割合」
を乗じた金額を損金の額に算入し、残余の金額を積立保険料とし
て資産に計上することになります。

③　保険料払込満了後は、保険料払込満了時点の資産計上額を「105
歳と払込満了時年齢の差」で除した金額を資産計上額より取り崩
して、損金の額に算入することになります。ただし、この取崩額
は年額であるため、払込満了時が事業年度の中途である場合には、
月数あん分により計算することになります。

**ロ　保険金受取人が役員又は使用人（これらの者の親族を含む。）の
場合**

①　終身払込の場合は、保険期間の終了（保険事故の発生による終
了を除く。）に際して支払う保険金がないこと及び保険契約者に
とって毎年の付保利益は一定であることから、保険料は保険期間
の経過に応じて平準的に費用化することが最も自然であり、その
払込の都度損金の額に算入することになります。

②　有期払込の場合は、保険料払込期間と保険期間の経過とが対応
しておらず、支払う保険料の中に前払保険料が含まれていること
から、生保標準生命表の最終の年齢「男性106歳、女性109歳」を
参考に「105歳」を「計算上の満期到達時年齢」とし、払込保険
料に「保険料払込期間を105歳と加入時年齢の差で除した割合」
を乗じた金額を損金の額に算入し、残余の金額を積立保険料とし
て資産に計上することになります。

③　保険料払込満了後は、保険料払込満了時点の資産計上額を「105歳と払込満了時年齢の差」で除した金額を資産計上額より取り崩して、損金の額に算入することになります。ただし、この取崩額は年額であるため、払込満了時が事業年度の中途である場合には、月数あん分により計算することになります。

④　役員又は部課長その他特定の使用人（これらの者の親族を含む。）のみを被保険者としている場合には、当該役員又は使用人に対する給与となります。

40 有期払込の医療保険（終身保障）の場合

 Q 当社は、この度役員又は使用人を被保険者、保険金受取人を当社とする終身保障タイプの医療保険に加入しました。保険料払込期間は5年とします。

　① 契約者………………当社

　② 被保険者……………役員又は使用人

　③ 保険金受取人………役員又は使用人

　④ 保険期間……………終身

　⑤ 保険料払込期間……5年

加入時年齢55歳、保険料年100万円を支払った場合の経理処理はどのようになりますか。

A 有期払込の場合は、保険料払込期間と保険期間の経過とが対応しておらず、支払う保険料の中に前払保険料が含まれていることから、保険料払込期間は①の経理処理を、保険料払込期間終了後は②の経理処理となります。

①　保険料払込期間が終了するまでの期間（5年間の処理）の経理処理

　（借）支払保険料　10万円※　（貸）現金預金　100万円

　　　　積立保険料　90万円

　　　※$100 \times \dfrac{5}{105-55} = 10$

② 保険料払込期間が終了した後の期間（6年目以降）の経理処理

（借）支払保険料　10万円※　　　　（貸）積立保険料　10万円

$$※\frac{90 \times 5}{105 - 60} = 10$$

（注）　取崩額は年額であるため、払込満了時が事業年度の中途の場合には、月数あん分により計算することになります。

5　傷害特約等保険料

　養老保険等の生命保険には、傷害特約（災害による死亡や身体傷害を給付条件とするもの）、入院給付特約（病気による入院や手術を給付条件とするもの）等の各種特約等が付されていることがあります。

　これらの特約に係る保険料については、いわゆる掛け捨てでもあることから、定期保険に係る保険料と同様に取り扱うこととされています（法基通9－3－6の2）。

　つまり、特約給付金の受取人が誰であるかに応じた取扱いとなっており、役員又は部課長その他特定の使用人（これらの者の親族を含む。）のみを傷害特約等の給付金の受取人としている場合には、その特約に係る保険料は、その役員又は使用人に対する給与とされますが、そうでない限り、福利厚生費等として期間の経過に応じて損金の額に算入することができることになります。

　したがって、役員又は部課長その他特定の使用人（これらの者の親族を含む。）のみを対象として傷害特約等の特約付の生命保険に加入した場合であっても、その特約に係る給付金の受取人が契約者である法人となっているときは、その支払った特約に係る保険料は期間の経過に応じて損金の額に算入することができます。

　なお、長期傷害保険特約（特約の内容が長期傷害保険（終身保障タイプ）と同様のものをいう。）に係る保険料については主契約たる養老保険等に係る保険料と区別されている場合には、特約に係る保険料については主契約と区別して長期傷害保険（終身保障タイプ）として取り扱います（平成18年4月28日国税庁文書回答）。

6　長期傷害保険（終身保障タイプ）

　長期傷害保険（終身保障タイプ）は、保険料は掛け捨てでいわゆる満期保険金はありませんが、保険期間が長期にわたるため、高齢化するにつれて高まる災害死亡率等に対して、平準化した保険料を算出しているため、ピーク時の解約返戻率（仮に保険契約を解約した場合における解約返戻金を当該解約時における支払保険料の累計額で除いた割合をいい、ピーク時の解約返戻率とは当該割合が最も高い時点におけるその割合をいう。）は50％を大きく超えています。発売以来保険料の税務上の取扱いとして、実務上は全額損金処理されてきました。しかし、その保険期間の前半において支払う保険料の中に相当多額の前払保険料が含まれており、中途解約の場合には相当多額の解約返戻金が支払われるという問題がありました。

　これについて、国税庁からの平成18年4月28日付文書回答により、その取扱いが明らかにされました。

(1)　長期傷害保険（終身保障タイプ）の概要
①　主たる保険事故及び保険金

保険事故　　　　　保険金

災害による死亡　　災害死亡保険金（保険期間を通じて定額）

災害による障害　　障害給付金

病気による死亡　　保険金はありませんが、保険料の払込期間に応じた所定の払戻金が保険契約者に払い戻されます。

　　(注)　保険期間の終了（保険事故の発生による終了を除く。）に際し
　　　　て支払う保険料はありません。

②　保険期間　　　　終身

③　保険料払込方法　一時払、年払、半年払、月払

④　保険料払込期間　終身払込、有期払込

⑤　保険金受取人　　法人、役員又は使用人

　　　　　　　　　　（これらの者の親族を含む。）

⑥　払戻金　病気による死亡、保険契約の失効、告知義務違反による
　　　　　　解除及び解約等の場合には、保険料の払込期間に応じた所
　　　　　　定の払戻金が保険契約者に払い戻されます。

(2)　保険料の税務上の取扱い

　法人が、自己を契約者とし、役員又は使用人（これらの者の親族を
含む。）を被保険者として長期傷害保険（終身保障タイプ）に加入して
その保険料を支払った場合（役員又は部課長その他特定の使用人（これ
らの者の親族を含む。）のみを被保険者とし、災害死亡保険金受取人を被
保険者の遺族としているため、その保険料の額が当該役員又は使用人に対
する給与となる場合を除く。）には、次のように取り扱うこととされて
います。

①　生保標準生命表の最終の年齢「男性106歳、女性109歳」を参考に
　「105歳」を「計算上の保険期間満了時の年齢」とし、保険期間の開
　始の時から当該保険期間の70％に相当する期間（前払期間）を経過
　するまでの期間にあっては、各年の支払保険料の額のうち４分の３
　に相当する金額を前払金等として資産に計上し、残額については損

金の額に算入します。

　なお、前払期間に1年未満の端数がある場合には、その端数を切り捨てた期間を前払期間とします。

②　保険期間のうち前払期間を経過した後の期間にあっては、各年の支払保険料の額を損金の額に算入するとともに、①による資産計上額の累計額（既にこの②の処理により取り崩したものを除く。）につき、次の算式により計算した金額を取り崩して損金の額に算入します。

　　［算式］

$$資産計上額の累計額 \times \frac{1}{(105-前払期間経過年齢)} = 損金算入額（年額）$$

　前払期間経過年齢とは、前払期間が経過したときにおける被保険者の年齢をいいます。

③　保険料払込方法が有期払込（一時払を含む。）の場合には、次の算式により計算した金額を当期分保険料として上記①、②の経理処理を行います。

　　［算式］

$$支払保険料 \times \frac{保険料払込期間}{(105-加入時年齢)} = 当期分保険料（年額）$$

　支払保険料から当期分保険料を差し引いた残余の金額については、前払金等として資産に計上し、払込期間が終了した後は毎年当期分保険料と同額を取り崩し、「各年の支払保険料」を「当期分保険料」に読み替えて、上記①、②の経理処理を行います。

④　特約、払済みの場合には、終身保険等に付された長期傷害保険特約（特約の内容が長期傷害保険（終身保障タイプ）と同様のものをい

う。）に係る保険料が主契約たる当該終身保険等に係る保険料と区別されている場合には、当該特約に係る保険料について、同様の取扱いをします。なお、長期傷害保険特約が付された養老保険、終身保険及び年金保険から同種類の払済保険に変更した場合には法人税基本通達９－３－７の２の原則に従い、その変更時における解約返戻金相当額とその保険契約により資産計上している保険料の額との差額を、その変更した日の属する事業年度の益金の額又は損金の額に算入します。

41 長期傷害保険（終身保障タイプ）の保険料の経理処理 ──終身払込の場合

> **Q** 当社では、自己を契約者、役員又は従業員を被保険者、保険金受取人を当社、保険料年払32万円とする長期傷害保険（終身保障タイプ）に加入を検討しています。このような場合の保険料の処理は、どのようになるのでしょうか。
>
> ① 契約者………………当社
> ② 被保険者……………役員又は使用人
> ③ 保険金受取人………当社
> ④ 保険期間……………終身
> ⑤ 保険料払込期間……終身
> ⑥ 契約年齢……………35歳

 保険期間の開始の時から当該保険期間の70%に相当する前払期間を経過するまでの期間にあっては、各年の支払保険料の額のうち4分の3に相当する金額を前払金等として資産に計上し、残額については損金の額に算入します。

（105歳−35歳）×70%＝49年………………前払期間

前払期間（49年目まで）

（借）支払保険料　8万円　　（貸）現金預金　32万円
　　　前払保険料　24万円

　前払期間を経過した後の期間にあっては、各年の支払保険料の額を損金の額に算入するとともに、上記による資産計上額の累計額（既にこの処理により取り崩したものを除く。）につき、次の算式により計算した金額を取り崩して損金の額に算入します。

資産計上額の累計額
$$(24万円 \times 49年 = 1,176万円) \times \frac{1}{(105 - 前払期間経過年齢(35歳 + 49年 = 84歳))}$$
＝損金算入額（年額：56万円）

前払期間経過後（50年目以降）

　（借）支払保険料　88万円　　（貸）現金預金　　　32万円

　　　　　　　　　　　　　　　　　　前払保険料　　56万円

42 長期傷害保険（終身保障タイプ）の保険料の経理処理 ──有期払込の場合

 Q 当社では、自己を契約者、役員又は従業員を被保険者、保険金受取人を当社、保険料年払32万円とする長期傷害保険（終身保障タイプ）に加入を検討しています。このような場合の保険料の処理は、どのようになるのでしょうか。

① 契約者……………………当社
② 被保険者…………………役員又は使用人
③ 保険金受取人…………当社
④ 保険期間…………………終身
⑤ 保険料払込期間……28年
⑥ 契約年齢……………………35歳

　支払保険料から当期分保険料を差し引いた残余の金額については、前払金等として資産に計上します。

$$支払保険料 \times \frac{保険料払込期間}{(105-加入時年齢)} = 当期分保険料（年額）$$

$$32万円 \times \frac{28}{(105-35)} = 12.8万円……当期分保険料（年額）$$

$$32万円 - 12.8万円 = 19.2万円…………前払金等$$

　払込期間が終了した後は毎年当期分保険料と同額を取り崩し、「各

年の支払保険料」を「当期分保険料」に読み替えて、下記①、②の経
理処理を行います。

① 前払期間

　保険期間の開始の時から当該保険期間の70％に相当する前払期間を
経過するまでの期間にあっては、各年の支払保険料の額のうち４分の
３に相当する金額を前払金等として資産に計上し、残額については損
金の額に算入します。

（105歳－35歳）×70％＝49年……………………前払期間

$12.8万円 \times \frac{3}{4} = 9.6万円$（前払金等として資産に計上）

$12.8万円 － 9.6万円 ＝ 3.2万円$（支払保険料）

ⅰ　保険料払込期間が終了するまでの期間（１年目〜28年目）

　　（借）支払保険料　　3.2万円　　　（貸）現金預金　32万円

　　　　　前払保険料　　9.6万円

　　　　　前払保険料　19.2万円

ⅱ　保険料払込期間が終了した後の期間（29年目〜49年目）

　　（借）支払保険料　　3.2万円　　　（貸）前払保険料　3.2万円

② 前払期間経過後の期間

　前払期間を経過した後の期間にあっては、各年の支払保険料の額を
損金の額に算入するとともに、①による資産計上額の累計額（既にこ
の②の処理により取り崩したものを除く。）につき、次の算式により計

算した金額を取り崩して損金の額に算入します。

$$資産計上額の累計額 \times \frac{1}{(105 - 前払期間経過年齢)} = 損金算入額（年額）$$

資産計上額の累計額

$$（9.6万円 + 19.2万円） \times 28年 - 3.2万円 \times 21年 = 739.2万円$$

損金算入額（年額）

$$739.2万円 \times \frac{1}{(105 - 84)} = 35.2万円$$

（借）支払保険料　35.2万円　　（貸）前払保険料　35.2万円

43 終身保険に長期傷害保険特約（終身保障タイプ）が付加された場合

 　終身保険に終身保障タイプの長期傷害保険特約が付加されている場合はどのような取扱いになるでしょうか。

 　長期傷害保険特約の保険料が主契約の終身保険に係る保険料と区分されているか否かによって次のように取り扱われます。

① 　保険料が区別されている場合

　終身保険の保険料については終身保険の取扱いを、長期傷害保険特約の保険料については長期傷害保険の保険料の取扱いを受けることになります。

② 　区別されていない場合

　すべての保険料について、主契約の終身保険の保険料の取扱いになります。

44 長期傷害保険（終身保障タイプ）を払済保険に変更した場合

Q 長期傷害保険（終身保障タイプ）を払済保険に変更した場合は、どのように取り扱われますか。

A 長期傷害保険（終身保障タイプ）又は長期傷害保険特約が付された養老保険、終身保険及び年金保険から同種類の払済保険に変更した場合には、その変更時における解約返戻金相当額とその保険契約により資産計上している保険料の額との差額を、その変更した日の属する事業年度の益金の額又は損金の額に算入することになります。

なお、解約返戻金相当額は保険料の一時払がされたものとして取り扱われます。

7　介護費用保険等

(1)　介護費用保険

　介護費用保険は、被保険者が「寝たきり」又は「痴呆」により要介護状態になった場合に、その介護費用を担保する損害保険であり、その保険料は掛捨てではあるものの、この保険には次のような特徴が認められ、法人又は個人事業者が自己を契約者とし、役員又は使用人を被保険者として当該保険に加入して保険料を負担した場合に、単に保険料払込期間の経過に応じて損金の額に算入することは適当でないところから、この保険に係る支払保険料の損金算入時期等について、平成元年12月16日付直審4-52、3-77「法人又は個人事業者が支払う介護費用保険の保険料の取扱いについて」（以下この節において「通達」という。）により明らかにされています。

①　支払保険料は掛け捨てで満期保険金の支払がありませんので、生命保険のうちの定期保険に類似する保険といえますが、保険事故の多くが高年齢になってから生ずるにもかかわらず保険料が平準化されていることから、60歳頃までに中途解約した場合等には相当多額の解約返戻金が支払われる場合があること。

②　保険料が保険期間の中途で払済みになるにもかかわらず保険期間は終身であり、支払保険料と保険期間とが対応していないこと。

③　保険料の支払方法（月払、年払、一時払、一部一時払等）の違いにより、支払保険料の額や解約返戻金の額にかなりの差異があること。

（注）　この介護費用保険の保険料の取扱いは、個人事業者が契約者の場

合にもほぼ同様の取扱いとなっていますが、ここでは法人が契約者
となった場合の取扱いを解説します。

イ　介護費用保険の内容

この取扱いの対象となるのは、介護費用保険のうち、法人が自己を
契約者とし、役員又は使用人（これらの者の親族を含む。）を被保険者
として加入した損害保険で被保険者が寝たきり又は痴呆により介護が
必要となったときに保険事故が生じたものとして保険金が被保険者に
支払われるものです（通達1）。

その保険金は、「医療費用・介護施設費用保険金」、「介護諸費用保
険金」、「臨時費用保険金」からなっており、医療費から家政婦の雇入
れ費用、寝たきり用ベッドの購入費、自宅の改築費用等を補償するこ
とになっています。

ロ　保険料の損金算入時期

(イ)　基本的な取扱い

法人が支払った介護費用保険の保険料については、基本的には
損金の額に算入されることを前提として、次のように取り扱われ
ます。ただし、役員又は部課長その他特定の使用人（これらの者
の親族を含む。）のみを被保険者としている場合には給与を支給し
たものとして取り扱われます（通達2）。

①　保険料を年払又は月払する場合には、保険料払込期間の経過
に応じて損金の額に算入されますが、保険料払込期間のうち被
保険者が60歳に達するまでの支払分については、その50％相当
額を前払費用等として資産に計上し、被保険者が60歳に達した
場合には、当該資産に計上した前払費用等の累積額を60歳以後

の15年で期間の経過により損金の額に算入します。

② 保険料を一時払する場合には、保険料払込期間を加入時から75歳までと仮定し、その期間の経過に応じて期間経過分の保険料につき①により取り扱われます。

③ 保険事故が生じた場合には、①又は②にかかわらず、資産計上している保険料の金額を一時の損金の額に算入します。

㈹ 前納、払済等の場合の取扱い

保険料を前納する場合や、払済みとする場合等の取扱いについては、次のように取り扱われます。

① 一定期間分の保険料を前納する場合には、その全額をいったん前払金とし、その支払の対象となった期間の経過に応じて期間経過分の保険料につき上記㈡①により取り扱うこととなります。

② 被保険者が60歳に達する前に保険料を払済みとする保険契約又は払込期間が15年以下の短期払済みの年払又は月払の保険契約については、支払保険料の総額を一時払したものとして上記㈡②により取り扱うこととなります。

③ 保険料を年払又は月払する場合において、保険事故が生じたときは、以後の保険料の支払は免除となりますが、要介護の状態でなくなったときから再度保険料の支払を要することとされています。しかし、この場合には、解約返戻金の支払はなくなるので、その保険料については、単に期間の経過により損金の額に算入されることとなります。

ハ　被保険者である役員又は使用人の課税関係

　被保険者である役員又は使用人については、介護費用保険が掛け捨ての保険であるところから、法人税基本通達9－3－5に定める取扱いに準じて役員又は部課長その他特定の使用人（これらの親族を含む。）のみを被保険者としている場合を除き、給与課税は行わないこととされています（通達3）。

ニ　保険契約者の地位を変更した場合の課税関係

　被保険者である役員又は使用人が退職したことに伴い、法人が介護費用保険の保険契約者の地位（保険契約の権利）を退職給与の全部又は一部として当該役員又は使用人に供与した場合には、その時点における解約返戻金の額相当額が退職給与として支給されたものとして取り扱われます（通達4）。

　なお、被保険者の退職後も引き続き法人が保険料を負担している場合であっても、役員又は部課長その他特定の使用人（これらの親族を含む。）のみを被保険者とし、保険金の受取人を被保険者としている場合を除き、所得税の課税対象としなくて差し支えないこととされています。

ホ　保険金の支払を受けた役員又は使用人の課税関係

　被保険者である役員又は使用人が保険金の支払を受けた場合には、当該保険金は所得税法施行令第30条（非課税とされる保険金、損害賠償金等）に規定する保険金等に該当するものとして、非課税とされます（通達5）。

⑵　介護特約付健康長期保険

　介護特約付健康長期保険は、一般の介護費用保険と同様、介護費用
を担保するものであり、この保険の保険料は掛け捨てでいわゆる満期
返戻金はありませんが、被保険者が85歳に達するまでに保険契約の失
効、告知義務違反による解除及び解約等が生じた場合には、保険料の
払込期間等に応じた所定の払戻金が保険契約者に払い戻されることに
なっています。これは、保険期間が長期にわたるため、高齢化するに
つれて高まる要介護状態発生率等に対して、平準化した保険料を算出
しているためですが、払込保険料の総額に占める当該払戻金の割合は、
おおむね60歳以後急激に減少し、75歳以後は極めて小さくなるようで
す。

　また、この保険には、契約時に定める所定の年齢まで介護基本保険
金又は介護一時金の支払がない場合に健康祝金を支払う特約を付帯す
ることができるようになっています（平成16年１月28日東京国税局文書
回答（以下この節において「文書回答」という。））。

　（注）　この介護特約付健康長期保険の保険料の取扱いは、個人事業者が
　　　　契約者の場合にもほぼ同様の取扱いとなっていますが、ここでは法
　　　　人が契約者となった場合の取扱いを解説します。

イ　介護特約付健康長期保険の内容

① 主たる保険事故及び保険金

保　険　事　故	保　　険　　金
要介護状態となった場合	介護基本保険金
	介護一時金
	継続介護支援保険金
	父母介護一時金
軽度要介護状態となった場合	軽度介護一時金
脳卒中・心筋梗塞・特定難病と診断された場合	介護予防保険金
要介護状態となったあと回復した場合	回復祝金
要介護状態となったあと死亡した場合	葬祭費用保険金

② 保険期間　終身

③ 保険料払込方法　一時払、年払、半年払、月払

④ 保険料払込期間　有期払込のみ

⑤ 保険金受取人　被保険者本人（ただし、健康祝金は保険契約者）

ロ　介護特約付健康長期保険に係る保険料の損金算入の時期等

　介護特約付健康長期保険に係る保険料の損金算入の時期、被保険者である役員又は使用人の課税関係、保険契約者の地位を変更した場合の課税関係及び保険金の支払を受けた役員又は使用人の課税関係については、前記(1)　**介護費用保険**の**ロ**から**ホ**までの例により次のように取り扱われます（文書回答2(1)）。

(イ)　保険料の損金算入時期

①　基本的な取扱い

　　法人が支払った介護費用保険の保険料については、基本的には損金の額に算入されることを前提として、次により取り扱われます。ただし、役員又は部課長その他特定の使用人（これらの者の親族を含む。以下「特定の従業員」という。）のみを被保険者としている場合には給与を支給したものとして取り扱われます（通達2）。

　i　保険料を年払・半年払又は月払する場合には、保険料払込期間の経過に応じて損金の額に算入されますが、保険料払込期間のうち被保険者が60歳に達するまでの支払分については、その50％相当額を前払費用等として資産に計上し、被保険者が60歳に達した場合には、当該資産に計上した前払費用等の累積額を60歳以後の15年で期間の経過により損金の額に算入します。

　ii　保険料を一時払する場合には、保険料払込期間を加入時から75歳までと仮定し、その期間の経過に応じて期間経過分の保険料につきiにより取り扱われます。

　iii　保険事故が生じた場合には、i又はiiにかかわらず、資産計上している保険料の金額を一時の損金の額に算入します。

②　前納、払済等の場合の取扱い

　　保険料を前納する場合や払済みとする場合等の取扱いについては、次のように取り扱われます。

　i　一定期間分の保険料を前納する場合には、その全額をいっ

たん前払金とし、その支払の対象となった期間の経過に応じて期間経過分の保険料につき上記①ⅰにより取り扱うことになります。

ⅱ 被保険者が60歳に達する前に保険料を払済みとする保険契約又は払込期間が15年以下の短期払済みの年払・半年払又は月払の保険契約については、支払保険料の総額を一時払したものとして上記①ⅱにより取り扱うことになります。

ⅲ 保険料を年払又は月払する場合において、保険事故が生じたときは、以後の保険料の支払は免除となりますが、要介護の状態でなくなったときから再度保険料の支払を要することとされています。しかし、この場合には、解約返戻金の支払はなくなるので、その保険料については、単に期間の経過により損金の額に算入されることになります。

(ロ) 被保険者である役員又は使用人の課税関係

被保険者である役員又は使用人については、介護費用保険が掛け捨ての保険であるところから、法人税基本通達9－3－5に定める取扱いに準じて、役員又は部課長その他特定の使用人（これらの者の親族を含む。）のみを被保険者としている場合を除き、給与課税は行わないこととされています（通達3）。

(ハ) 保険契約者の地位を変更した場合の課税関係

被保険者である役員又は使用人が退職したことに伴い、保険契約者である法人が介護費用保険の保険契約者の地位（保険契約の権利）を退職給与の全部又は一部として当該役員又は使用人に供与した場合には、その時点における解約返戻金の額相当額が退職

給与として支給されたものとして取り扱われます（通達4）。

　なお、被保険者の退職後も引き続き法人が保険料を負担している場合であっても、役員又は部課長その他特定の使用人（これらの者の親族を含む。）のみを被保険者とし、保険金の受取人を被保険者としている場合を除き、所得税の課税対象としなくて差し支えないこととされています。

㈢　保険金の支払を受けた役員又は使用人の課税関係

　被保険者である役員又は使用人が保険金の支払を受けた場合には、当該保険金は所得税法施行令第30条（非課税とされる保険金、損害賠償金等）に規定する保険金等に該当するものとして、非課税とされます（通達5）。

ハ　健康祝金支払特約を付帯した契約に係る保険料の取扱い

　健康祝金支払特約を付帯した契約については、毎回の払込保険料のうち、特約に係る保険料を前払費用等として資産に計上し、特約に係る保険事故が生じた場合には、資産計上している当該特約に係る保険料について一時の損金の額に算入することが認められます（文書回答2⑵）。

　また、毎回の払込保険料のうち、特約に係る保険料以外の部分の金額については、前記ロの例により取り扱われます。この場合、ロ㈠①iii中「保険事故」とあるのは「保険事故（健康祝金支払特約に係る保険事故を除く。）」と、「保険料」とあるのは「保険料（健康祝金支払特約に係る保険料を含む。）」とされます。

二 使用者契約の保険契約等に係る経済的利益の取扱い

　法人が従来の介護費用保険に係る保険料を支払ったことにより、役員又は使用人が受ける経済的利益について、所得税基本通達36-31の7（使用人契約の保険契約等に係る経済的利益）により課税しなくて差し支えないものとされていた場合において、当該法人が新たに雇用した使用人等について介護特約付健康長期保険を付保し、その保険料を支払ったときは、当該介護特約付健康長期保険について介護一時金、介護基本保険金及び軽度介護一時金以外の保険金を引き受けないことを条件に、その経済的利益については、従来どおり課税されません。

45 具体的な経理処理

> 　当社は、自己を契約者、全役員又は使用人を被保
> 険者とする介護費用保険に加入し、保険料は年払で
> 支払うことにしました。役員又は使用人はすべて60歳未満で
> すが、経理処理（仕訳）はどうなるのでしょうか。

　　　例えば加入年齢50歳、年払保険料額10万円、70歳払済、加
入2名のケースで説明しますと、次のような経理処理をする
ことになるものと考えられます。

① 60歳に達する前までの各事業年度（加入時から期末まで12カ月とす
　 る。）

　（借）福利厚生費　10万円　　（貸）現金預金　20万円
　　　　前払費用　　10万円

② 60歳に達した事業年度（役員又は使用人が期央に60歳に達したとす
　 る。前期まで前払費用として計上した金額90万円）

　ⅰ　当期の保険料について

　（借）福利厚生費　15万円　　（貸）現金預金　20万円
　　　　前払費用　　 5万円

　ⅱ　前払費用等の累積額の取崩し

　（借）福利厚生費　3.1万円　　（貸）前払費用　3.1万円※
　　　　※前払費用（90万円＋5万円）$\times \dfrac{6}{180}$＝3.1万円

③　60歳に達した後の各事業年度

　　（借）福利厚生費　26.3万円　　（貸）現金預金　　20万円

　　　　　　　　　　　　　　　　　　　　前払費用　6.3万円※

※前払費用（90万円＋5万円）×$\dfrac{1}{15}$＝6.3万円

46 役員又は使用人の全員を被保険者とした場合の保険料の取扱い

Q 当社は、福利厚生の一環として全役員又は使用人を対象に、当社を契約者、役員又は使用人を被保険者とする介護費用保険に加入しました。この場合、年払により保険料を支払うこととしていますが、その全額を給与として課税する場合には、役員に対する過大報酬となるものを除き全額を損金として差し支えないでしょうか。

なお、役員3名を除き全員が60歳未満です。

A 掛け捨ての保険である定期保険に役員又は使用人の全員を加入させた場合には、その保険料は福利厚生費として損金の額に算入し、所得税の課税対象にもならないこととされています（法基通9-3-5、所基通36-31の2）。この点については、掛け捨ての保険である介護費用保険についても同様となります。

したがって、たとえ給与として所得税の課税対象としても福利厚生費としての性格が変わるものではありませんので、法人の経理如何にかかわらず、使用人に係る介護費用保険の保険料については、その保険料の額の50％相当額が前払費用として取り扱われることになります。

なお、役員分の保険料については、所得税が非課税であるにもかかわらず役員給与として経理した場合には、法人税法上定期同額給与として取り扱われることになります（法基通9-2-10）。

47 保険事故の発生

 当社は、自己を契約者、全役員又は使用人を被保険者とする介護費用保険に加入し、保険料は年払で支払っています。役員又は使用人はすべて60歳未満ですので支払保険料の50％相当額は、前払費用として資産に計上し、残額は、支払時に損金算入しています。

この状態で5年経過後の55歳のときに被保険者（1名）が要介護の状態となって保険金が支払われることになりました。

この時点のその者に関する保険料の資産計上額は50万円ですが、この資産計上額はどうなるのでしょうか。

 保険事故の発生により、契約者である法人は解約返戻金の収受が不可能となりますので、前払費用等の額は単純損金の額に算入することとなります。

（借）雑損　50万円　　（貸）前払費用　50万円

48 保険契約の解約又は終了の場合

　　　当社は、自己を契約者、全役員又は使用人を被保険者とする介護費用保険に加入し、保険料は年払で支払っています。役員又は使用人はすべて60歳未満ですので支払保険料の50％相当額は、前払費用として資産に計上し、残額は、支払時に損金算入しています。

　この状態で5年経過後に保険事故の発生前に被保険者の一人が死亡し、解約返戻金30万円を受け取りました。

　なお、死亡した被保険者に係る5年間の前払費用の合計額は25万円です。

　この場合の経理処理はどのようになるのでしょうか。

　　　保険契約の終了により、契約者である法人は解約返戻金を収受しますが、解約返戻金の額と前払費用の額との差額が損益となります。

（借）現金預金　30万円　　（貸）前払費用　25万円

　　　　　　　　　　　　　　　雑　　益　5万円

49 保険契約者の地位を退職に伴い役員又は使用人に引き継いだ場合

Q　当社は、自己を契約者、全役員又は使用人を被保険者とする介護費用保険に加入し、保険料は年払で支払っています。役員又は使用人はすべて60歳未満ですので支払保険料の50％相当額は、前払費用として資産に計上し、残額は、支払時に損金算入しています。

この状態で15年経過後に被保険者の１人が定年で退職しましたので、保険契約者の地位を定年退職者に引き継ぎました。この場合、どのように取り扱われることになるのでしょうか。

なお、定年退職した被保険者に係る15年間の前払費用の合計額は75万円、定年退職時に解約したとした場合の解約返戻金の額は100万円となっています。

A　保険契約者である法人が、被保険者である役員又は使用人の退職に伴い保険契約者の地位（保険契約の権利）を退職金として供与した場合には、被保険者の定年退職時における解約返戻金相当額が退職金として支給されたものとして取り扱われます。したがって、解約返戻金相当額が退職金として取り扱われ、前払費用の額との差額が法人の損益となります。

（借）退職金　100万円　　（貸）前払費用　75万円

　　　　　　　　　　　　　　　雑　　益　25万円

第6　確定拠出年金

1　確定拠出年金とその必要性

　確定拠出年金は、拠出された掛金が個人ごとに明確に区分され、掛金とその運用収益との合計額をもとに年金給付額が決定される年金制度で、少子高齢化の進展、高齢期の生活の多様化等の社会経済情勢の変化にかんがみ、国民の高齢期における所得の確保に係る自主的な努力を支援し、もって公的年金の給付と相まって国民の生活の安定と福祉の向上に寄与することを目的としています。

　厚生年金基金や適格退職年金等の企業年金制度等は、給付金が約束されているという特徴がありますが、問題点として現行の企業年金制度は中小零細企業や自営業者に十分普及していないことや、離転職時の年金資金の持ち運びが十分確保されておらず、労働移動への対応が困難であることが指摘されていたことから、平成13年10月に公的年金に上乗せされる部分における新たな選択肢として確定拠出年金が導入されました。

2　確定拠出年金の特徴

　確定拠出年金は、確定給付型の年金とは異なり、運用した実績に応じて退職一時金及び年金の支払が行われることから、退職一時金及び年金として受け取る額は変動し、また元本の保証はなく、自己責任が重要となってきます。

　確定拠出年金には、この他に次のような特徴があります。

① 　企業型年金と個人型年金とがあります。

② 　拠出された掛金は、加入者ごとに個別に管理され、自分の年金資産の状況もいつも把握でき、また転職した場合に年金資産の持ち運び（ポータビリティ）が可能です。また、平成16年10月１日から厚生年金基金・確定給付企業年金から確定拠出年金へ、平成30年５月１日から、中小企業退職金共済から企業型確定拠出年金、確定給付型年金への加入者の年金原資の資産移換が可能になり、企業年金のポータビリティが向上しました（確定拠出年金法54の２）。さらに、令和４年５月１日から、終了した確定給付企業年金から個人型確定拠出年金、加入者の退職等に伴う企業型確定拠出年金から通算企業年金（退職者等向けに運用する年金）への年金資産の移換が可能になります（確定給付企業年金法82の４、確定拠出年金法54の５）。

③ 　現在どんな年金制度に入っているかによって、加入できるタイプは異なります。

④ 　これまで月単位で拠出することとされていた掛金は、平成30年１月１日からは、12月から翌年11月までの範囲において、複数月分をまとめて拠出することや、１年分をまとめて拠出することが可能と

なりました。

⑤　事業主等が拠出した掛金を加入者が運用することになりますが、運用商品の選択に関する措置が平成30年5月1日より、次のように改正されました。

〔改正前〕

　　少なくとも3つ以上の商品を提示し、そのうち1つは元本保証商品でなければならないといった商品提供規制

　　運用資産の選択をしない者への対応

　　投資教育や運用資産の状況を加入者に知らせる義務　等

〔改正後〕

　　運用商品提供数の抑制（上限35本）

　　商品除外規定の整備

　　　提示商品は、リスク・リターン特性の異なる3つ以上（簡易企業型年金においては2つ以上）の商品提示

　　選択しない者への支援として指定運用方法の規定整備

　　運用中の支援強化として継続投資教育の努力義務化　等

⑥　運用中の支援強化として配慮義務となっていた継続投資教育については、平成30年5月1日より努力義務となり、加入者が資産運用について十分理解できるよう、必要かつ適切な投資教育を行うことが必要となりましたが、令和2年6月5日より、その継続投資教育を企業年金連合会又は運営管理機関に委託することができるようになりました。

⑦　運用の方法を除外する場合には、加入者等が既に保有しているその運用の方法も売却する必要がありましたが、令和3年7月28日よ

り、売却を伴わない除外とすること（運用を継続すること）ができるようになりました。

⑧ 基礎年金としての国民年金に上乗せするものであり、原則として、加入は自由です。

⑨ 資産は加入者個人の判断で運用しますので、その結果については「自己責任」ということになります。

3 制度の仕組み

⑴ 企業型年金

　「企業型年金」とは、厚生年金適用事業所の事業主が、単独で又は共同して企業型年金の規定に基づいて実施する年金制度をいいます。

　また、平成30年5月1日の改正で中小企業向けの企業型年金を簡略化した簡易企業型年金が導入されました。

〈企業型年金制度〉

- **実施主体**　　　企業型年金規約の承認を受けた企業
- **加入できる者**　70歳（令和4年5月1日前は60歳）未満の実施企業に勤務する従業員

　　　　　　　　　※厚生年金保険の被保険者のうち厚生年金保険法第2条の5第1項第1号に規定する第1号厚生年金被保険者又は同項第4号に規定する第4号厚生年金被保険者

- **掛金の拠出**　　事業主が拠出（規約に定めた場合は加入者も拠出可能）
- **拠出限度額**　　1．厚生年金基金等の確定給付型の年金を実施していない場合

　　　　　　　　　　55,000円（月額）

　　　　　　　　　　※令和4年10月1日前において、規約において個人型年金への加入を認める場合

　　　　　　　　　　35,000円（月額）

　　　　　　　　　2．厚生年金基金等の確定給付型の年金を実施し

ている場合

27,500円（月額）

※令和4年10月1日前において、規約において

個人型年金への加入を認める場合

15,500円（月額）

令和6年12月1日以後の場合

55,000円－厚生年金基金等掛金相当額（月

額）

・運営主体　　　事業主

〈簡易企業型年金〉

　簡易企業型年金は、平成30年5月1日より導入された企業型年金です。

　中小企業向けの企業型年金を簡略化した制度設計になっており、設立条件を一定程度パッケージ化された制度とすることで、設立時に必要な書類等を削減して設立手続きを緩和するとともに、制度運営についても負担の少ないものになっています。

企業型年金との違い

・事務の簡素化

・厚生年金適用事務所の事業主であって、使用する第1号厚生年金被保険者が300人以下であること（2以上の厚生年金適用事務所の事業主が同一である場合には、全ての事務所で使用する第1号厚生年金被保険者の総数が300人以下であること）

・加入者に一定の資格を定めることは不可

・事業主掛金の算定方法は定額であること

・加入者掛金の額の選択肢は１つでも可

・商品提供数は２本以上35本以下

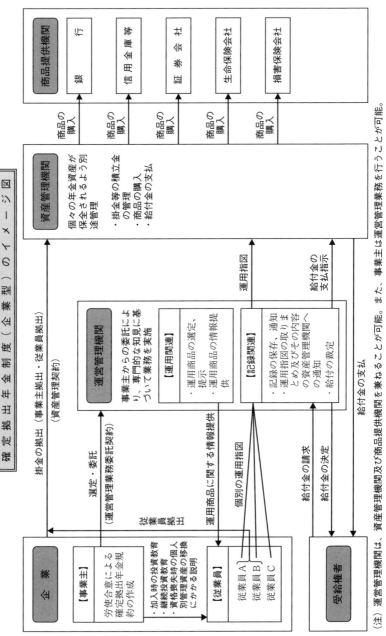

確定拠出年金制度（企業型）のイメージ図

商品提供機関
- 銀　　　　行
- 信用金庫等
- 証券会社
- 生命保険会社
- 損害保険会社

資産管理機関

個々の年金資産が保全されるよう別途管理

- 掛金等の積立金の管理
- 商品の購入
- 給付金の支払

商品の購入（各機関へ）

運営管理機関

事業主からの委託により、専門的な知見に基づいて業務を実施

【運用関連】
- 運用商品の選定、提示
- 運用商品の情報提供

【記録関連】
- 記録の保存、通知
- 運用指図の取りまとめ及びその内容の資産管理機関への通知
- 給付の裁定

運用指図

給付金の支払指示

選定・委託
（運営管理業務委託契約）

個別の運用指図

運用商品に関する情報提供

企　業

【事業主】
労使合意による確定拠出年金規約の作成

- 加入時の投資教育
- 継続投資教育
- 資格喪失時の個人別管理資産の移換にかかる証明

掛金の拠出（事業主拠出・従業員拠出）
（資産管理契約）

従業員拠出

【従業員】
- 従業員A
- 従業員B
- 従業員C

受給権者

給付金の請求

給付金の決定

給付金の支払

（注）運営管理機関は、資産管理機関及び商品提供機関を兼ねることが可能。また、事業主は運営管理業務を行うことが可能。

（厚生労働省ホームページより）

⑵　個人型年金（iDeCo）

　「個人型年金」とは、国民年金連合会が個人型年金の規定に基づいて実施する年金制度をいいます。

　また、平成30年 5 月 1 日の改正で、企業年金を実施していない中小企業が、個人型年金（iDeCo）に加入している従業員の掛金に追加して、事業主が掛金を拠出することができる制度（中小企業主掛金納付制度）が創設されました。この制度の拠出限度額は、その従業員の掛金との合計額になります。

　なお、加入には諸条件があります。

〈個人型年金（iDeCo）制度〉

- ・**実施主体**　　　国民年金基金連合会
- ・**加入できる者**　1．自営業者等（農業者年金の被保険者、国民年金の保険料を免除されている者を除く。）

　（国民年金第 1 号被保険者）

　　　　　　　　　2．厚生年金保険の被保険者（公務員や私学共済制度の加入者を含む。企業型年金加入者においては、令和 4 年10月 1 日前については、企業年金規約において個人型年金への加入が認められている者に限る。）

　（国民年金第 2 号被保険者）

　　　　　　　　　3．専業主婦（夫）等

　（国民年金第 3 号被保険者）

- ・**掛金の拠出**　　加入者個人が拠出（中小事業主掛金納付制度を利用

する場合は事業主も拠出可能)

・拠出限度額　　1．自営業者等

　　　　　　　　68,000円（月額）

　　　　　　　　※国民年金基金の限度額と枠を共有

　　　　　　　2．厚生年金保険の被保険者のうち

　　　　　　　　①厚生年金基金等の確定給付型の年金のみを実
　　　　　　　　　施している場合

　　　　　　　　　　12,000円（月額）

　　　　　　　　　　※令和6年12月1日以後の場合

　　　　　　　　　　　20,000円（厚生年金基金等掛金相当額との
　　　　　　　　　　　合計で55,000円）（月額）

　　　　　　　　②企業型年金のみを実施している場合

　　　　　　　　　　20,000円（月額）

　　　　　　　　　　※令和4年10月1日以後の場合

　　　　　　　　　　　20,000円（厚生年金基金等掛金相当額との
　　　　　　　　　　　合計で55,000円）（月額）

　　　　　　　　③厚生年金基金等の確定給付型の年金及び企業
　　　　　　　　　型年金を実施している場合

　　　　　　　　　　12,000円（月額）

　　　　　　　　　　※令和4年10月1日以後の場合

　　　　　　　　　　　12,000円（企業型年金の事業主掛金額との
　　　　　　　　　　　合計で27,500円）（月額）

　　　　　　　　　　令和6年12月1日以後の場合

　　　　　　　　　　　20,000円（企業型年金の事業主掛金額及び

厚生年金基金等掛金相当額との合計で

55,000円）（月額）

④企業年金や厚生年金基金等の確定給付型の年

金を実施していない場合（下記⑤の者を除く。）

23,000円（月額）

⑤公務員

12,000円（月額）

※令和6年12月1日以後の場合

20,000円（共済掛金相当額との合計で

55,000円）（月額）

3．専業主婦（夫）等

23,000円（月額）

・**運営主体**　国民年金基金連合会

⑶　年金の給付

　確定拠出年金は貯蓄とはっきり区別する意味でも、原則として加入者が60歳に達するまで引き出すことはできません。

　企業型・個人型ともに確定拠出年金の給付の形態は、次のようになります（確定拠出年金法28、73他）。

①老齢給付金

　　給　　　付　5年以上の有期又は終身年金（企業型年金規約の規定により一時金の選択可能）

　　受給要件等　原則60歳に到達した場合に受給することができる（60歳時点で確定拠出年金への加入者期間が10年に満たない場合は、支給開始年齢を段階的に先延し）。

②障害給付金

　　給　　　付　5年以上の有期又は終身年金（規約の規定により一時金の選択可能）

　　受給要件等　70歳に到達する前に傷病によって一定以上の障害状態になった加入者等が傷病になっている一定期間（1年6か月）を経過した場合に受給することができる。

③死亡一時金

　　給　　　付　一時金

　　受給要件等　加入者が死亡したときにその遺族が資産残高を受給することができる。

④脱退一時金

　　給　　　付　一時金

受給要件等　ⅰ．企業型年金を資格喪失した後に企業型記録関連運営管理機関に請求するケースでは、次のすべての要件に該当する必要があります。

　　　・企業型年金加入者、企業型年金運用指図者、個人型年金加入者及び個人型年金運用指図者でないこと

　　　・資産額が15,000円以下であること

　　　・最後にその企業型年金加入者の資格を喪失してから6か月を経過していないこと

　　ⅱ．個人型記録関連運営管理機関又は国民年金基金連合会に請求するケースでは、次のすべての要件に該当する必要があります。

　　　・国民年金保険料免除者であること

　　　・障害給付金の受給権者でないこと

　　　・掛金の通算拠出期間が5年以下であること（退職金等から確定拠出年金へ資産の移換があった場合には、その期間も含む。）又は資産額が25万円以下であること

　　　・最後に企業型年金加入者又は個人型年金加入者の資格を喪失した日から起算して2年を経過していないこと

　　　・企業型年金による脱退一時金の支給を受けていないこと

4　税制上の取扱い

(1)　拠出した時

　企業型年金で法人事業主が支出する事業主掛金及び中小事業主掛金納付制度を利用した事業主が拠出した掛金は、全額損金の額に算入することが認められています（法令135三、四）。

　また、加入者においては、事業主が拠出した掛金を給与所得に係る収入金額に含める必要はないこととされています（所令64①四、五）。

　なお、個人型年金で個人が支払った掛金及び企業年金における個人拠出の掛金は、全額小規模企業共済等掛金控除の対象とされています（所法75②二）。

(2)　運用した時

　年金資産の運用から生じる運用益に対しては、非課税とされています（所法176②）。

　また、積み立てた年金資産に対しては、特別法人税1％が課税されます（法法8、87）が、令和5年3月31日までに開始する事業年度については課税されないことになっています（措法68の5）。

(3)　給付時

　事業主には課税関係は生じませんが、従業員等は次のような取扱いを受けることになります。

イ　老齢給付金

　年金として受け取る場合には、所得税法上、雑所得となり（所法

35③三、所令82の2②六)、公的年金等控除が適用されます(所法35②、④)。

　また、一時金として受け取る場合には、所得税法上、退職所得とみなされることになり(所法31三、所令72③六)、掛金の納付期間を勤続年数とみなし、退職所得控除が適用されます(所法30②③、所令69①二)。

　なお、その年の前年以前14年内に退職手当等を受け取っていた場合の退職所得控除額の計算方法は、他の退職手当等の計算対象となった勤続期間との重複期間を除いた勤続年数により計算した額になります(所法30⑤一、所令70①二)。

　また、その年に二以上の退職手当等又は退職一時金等の支給を受けた場合には、勤続年数が重複する場合があることから、その重複を排除した最も長い勤続期間で退職所得控除額を計算します(所令69①三)。

ロ　障害給付金

　加入者が高度障害になった場合には、障害給付金として受給されたものは、非課税となります(確定拠出年金法32②)。

ハ　死亡一時金

　加入者が死亡した場合には、死亡一時金が遺族に支給されます。死亡一時金は、相続税の対象となります(法定相続人1人当たり500万円までは非課税)(相法3①二、相令1の3七)。

二　脱退一時金

　脱退一時金は、一時所得として所得税の対象となります(所令183②一、③六)。

50 日本の年金制度の中の確定拠出年金

 日本の年金制度の中で確定拠出年金はどのように位置づけられますか。また、令和4年以降の加入の関係はどのようになっていますか。

A 確定拠出年金は、公的年金である国民年金及び厚生年金の上乗せ部分ということができます。

令和4年10月1日前の加入の関係を図解で示すと、次のようになります。

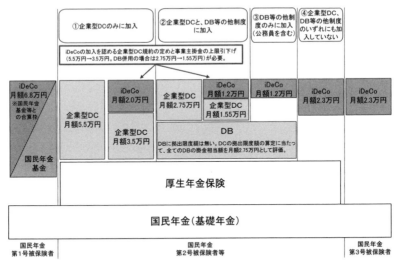

※1　企業型DC加入者は、マッチング拠出ができることを企業型DC規約に定めない場合であって、①iDeCoに加入できること、②企業型DCの事業主掛金の上限を月額3.5万円（DB併用の場合は1.55万円）以下とすることを企業型DC規約で定めた場合に限り、月額2.0万円（DB併用の場合は1.2万円）の範囲内で、iDeCoの拠出が可能。
※2　マッチング拠出を導入している企業の企業型DC加入者は、企業型DCの事業主掛金額を超えず、かつ、事業主掛金額との合計が拠出限度額（月額5.5万円（DB併用の場合は2.75万円））の範囲内で、マッチング拠出が可能。
※3　DBには、厚生年金基金・私立学校教職員共済制度・石炭鉱業年金基金を含む。

（厚生労働省ホームページより）

　なお、令和4年10月1日から令和6年11月30日までの加入の関係を図解で示すと、次のようになります。

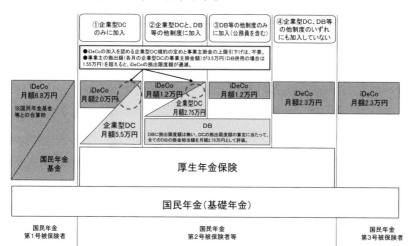

※1　月額2.0万円（DB併用の場合は1.2万円）、かつ、企業型DCの事業主掛金額との合計が月額5.5万円（DB併用の場合は2.75万円）の範囲内で、iDeCoの拠出が可能。
※2　マッチング拠出を導入している企業の企業型DC加入者は、企業型DCの事業主掛金額を超えず、かつ、事業主掛金額との合計が拠出限度額（月額5.5万円（DB併用の場合は2.75万円））の範囲内で、マッチング拠出が可能。マッチング拠出かiDeCo加入かを加入者ごとに選択することが可能。
※3　DBには、厚生年金基金・私立学校教職員共済制度・石炭鉱業年金基金を含む。

（厚生労働省ホームページより）

　また、令和6年12月1日以後の加入の関係を図解で示すと、次のようになります。

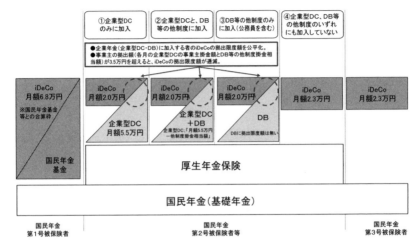

※1　企業型DCの拠出限度額は、月額5.5万円からDB等の他制度掛金相当額（仮想掛金額）を控除した額。他制度掛金相当額は、DB等の給付水準から企業型DCの事業主掛金に相当する額として算定したもので、複数の他制度に加入している場合は合計額。他制度には、DBのほか、厚生年金基金・私立学校教職員共済制度・石炭鉱業年金基金を含む。

　　施行（2024年12月1日）の際現に事業主が実施する企業型DCの拠出限度額については、施行の際の企業型DC規約に基づいた従前の掛金拠出を可能とする（経過措置）。ただし、施行日以後に、確定拠出年金法第3条第3項第7号に掲げる事項を変更する規約変更を行った場合、確定給付企業年金法第4条第5号に掲げる事項を変更する規約変更を行うことによって同法第58条の規定により掛金の額を再計算した場合、DB等の他制度を実施・終了した場合等は、経過措置の適用は終了。

　　マッチング拠出を導入している企業の企業型DC加入者は、企業型DCの事業主掛金額を超えず、かつ、事業主掛金額との合計が拠出限度額（月額5.5万円からDB等の他制度掛金相当額を控除した額）の範囲内で、マッチング拠出が可能。マッチング拠出かiDeCo加入かを加入者ごとに選択することが可能。

※2　企業年金（企業型DC、DB等の他制度）の加入者は、月額2.0万円、かつ、事業主の拠出額（各月の企業型DCの事業主掛金額とDB等の他制度掛金相当額）との合計が月額5.5万円の範囲内で、iDeCoの拠出が可能。公務員についても、同様に、月額2.0万円、かつ、共済掛金相当額との合計が月額5.5万円の範囲内で、iDeCoの拠出が可能。

(厚生労働省ホームページより)

51 企業におけるメリット・デメリット

> **Q** 企業にとって確定拠出年金を導入するメリット・デメリットはどのようなことがありますか。

〈メリット〉

①　確定給付年金と異なり、掛金を支払うことで企業の債務負担が完了してしまうことから、後発債務の負担が発生しません。また、確定給付年金のような年金数理計算もなくなり事務上の負担も軽くなります。

②　企業が負担する掛金は全額損金になります（ただし、拠出限度額上限まで）。

③　退職給付会計という会計制度により、退職給付額を全額費用として計上することになります。確定給付型年金のような年金資産の積立不足の問題はなくなります。

④　労働力の流動化が進んでいる現在、転職しても持ち運びができる（ポータビリティ）ことで優秀な人材の確保につながります。

〈デメリット〉

①　確定給付年金からの制度を変更することにより、年金財政の再計算や見直しに伴う諸費用など相応のコストの負担が考えられます。

②　新制度導入に伴う従業員への投資教育が必要になります。

③　加入者ごとに記録の管理が必要になるため、管理コストが高くなりやすくなります。

52 確定拠出年金に係る税制

　　　確定拠出年金制度における法人事業主の課税関係は、どのようになるのでしょうか。

　　　企業型の確定拠出年金における法人事業主の課税関係は、①掛金拠出時、②運用時、③給付時において次のようになります。

①　掛金拠出時

法人事業主が負担した掛金額は、次の拠出限度額までの金額を全額損金の額に算入することができます。

ⅰ　厚生年金基金等の確定給付型の年金を実施していない場合

55,000円（月額）

※令和4年10月1日前において、規約において個人型年金への加入を認める場合

35,000円（月額）

ⅱ　厚生年金基金等の確定給付型の年金を実施している場合

27,500円（月額）

※令和4年10月1日前において、規約において個人型年金への加入を認める場合

15,500円（月額）

令和6年12月1日以後の場合

55,000円－厚生年金基金等掛金相当額（月額）

②　運用時

特別法人税が課税されます。

ただし、令和5年3月31日までに開始する事業年度については課税されないことになります（措法68の5）。

③　給付時

法人事業主に課税関係は生じません。

第7　契約中の保険会社が破綻した場合

1　保険会社が破綻したときの保険金の取扱い

生命保険会社は、生命保険契約者保護機構への加入を義務づけられています（保険業法265の3）。

ただし、保険会社以外の少額短期保険業者などは、保険契約者保護機構制度の対象ではないので、注意が必要です。

保険契約者保護機構は、破綻した保険会社（破綻保険会社）の契約を継続させるために、次のような仕組みを作っています。

① 救済保険会社が現われた場合

破綻保険会社の保険契約は、救済保険会社による保険契約の移転、合併、株式取得により、破綻後も継続することができます。

② 救済保険会社が現われなかった場合

破綻保険会社の保険契約は、承継保険会社（保険契約者保護機構が設立する子会社）に承継されるか、保険契約者保護機構が自ら引き受けるようになっています。

契約の継続後は、保険契約者保護機構からの資金援助等により、補償対象契約について、原則として、その責任準備金の90％が補償されます。

この場合、高予定利率契約（破綻時に過去5年間で常に予定利率が基

準利率を超えていた契約）については、補償率は、90％から一定の率
を控除した率となります。

　したがって、保険金、解約返戻金、年金等の90％が補償されるもの
ではないということです。

　契約が、救済保険会社に引き継がれる場合、責任準備金の削減のほ
かに、予定利率の引下げ等、契約条件が変更されることがあります。
責任準備金と予定利率の引下げ等で保障内容も減額されることになり
ます。

　具体的には、保険の種類では一般的には、終身保険、養老保険など
責任準備金の積立額が大きく貯蓄性が高く保険期間が長期の保険では
減少幅が大きくなり、定期保険など保障性の高い保険では減少幅は小
さくなります。

　契約時期では一般的には予定利率が高い時期に契約した保険契約ほ
ど保険金額の減少幅が大きくなります。

　また、加入期間が同じ契約でも、満期までの期間が長いほど減少幅
が大きくなります。

（参考）　損害保険についても同様の仕組みの「損害保険契約者保護
　　　　機構」があります。

2　保険会社が破綻した場合の注意点

　原則、保険契約の移転等が終わり通常業務が行われるようになるまで、業務自体が停止されますので解約はできません。

　ただし、通常業務が行われるようになるまでの間に保険事故が起こった場合は、保険金の支払については、破綻保険会社と保険契約者保護機構の間で「補償対象保険金の支払に係る資金援助契約」が締結されていれば、いままでの保険金額等の90％（高予定利率契約を除く。）を乗じた額で保険金等の支払が行われます。

　解約して新たな保険に申し込んでも、年齢や健康状態によっては加入できないこともありますし、保険会社の破綻後早期に解約等を行った場合には、一定期間解約返戻金等が削減される「早期解約控除制度」が適用される可能性があります。

　また、破綻後も保険契約を継続する場合には、保険料の払込みを忘れてしまうと、契約が失効してしまう場合があります。

　失効後、一定期間が過ぎると復活できなくなりますので、保険会社が破綻したとしても即座に解約するのではなく、冷静な対応が最終的に会社の保険（保障）を守ることになります。

第8　必要な保障額

　保険の見直しをするためには、企業にとって必要な保障額（資金）を把握しておく必要があります。

　たとえば、会社を清算する場合に給料1ヶ月分（300）と給料の2ヶ月分の退職金（600）を支給し、平均的な買掛金残（500）と借入金残（200）の弁済が必要であるとした場合、合計1,600の資金があれば足ります（ここではあえて企業が保有する現預金等はないと仮定する。）。これを保険金で手当てできたとすると、一応支払ができるようにみえます。

　ところが、これでは必要な資金をカバーしているとはいえません。

　なぜなら、給料と退職金は費用（損金）ですが、買掛金と借入金は費用ではないからです。

　保険金は収入（益金）となりますので、これで法人税等（30％と仮定）の計算をすると、次のようになります（便宜的に控除可能な欠損金等もゼロとする。）。

・$(1,600 - 300 - 600) \times 30\% = 210$

　法人税等が210発生してしまうので買掛金と借入金の弁済ができないか、又は滞納になってしまいます。

　そこで、法人税等を考慮すると、

・$300 + 600 + (500 + 200) \times \dfrac{1}{1 - 30\%} = 1{,}900$

　が必要ということになるのです。

［検算］

$(1,900-300-600) \times 30\% = 300$（法人税等）、

$1,900-300-600-500-200-300$（法人税等）$= 0$

参考資料

1　法人税法施行令（抄）

（確定給付企業年金等の掛金等の損金算入）

第135条　内国法人が、各事業年度において、次に掲げる掛金、保険料、事業主掛金、信託金等又は信託金等若しくは預入金等の払込みに充てるための金銭を支出した場合には、その支出した金額（第2号に掲げる掛金又は保険料の支出を金銭に代えて株式をもつて行つた場合として財務省令で定める場合には、財務省令で定める金額）は、当該事業年度の所得の金額の計算上、損金の額に算入する。

　一〜二　（省略）

　三　確定拠出年金法（平成13年法律第88号）第4条第3項（承認の基準等）に規定する企業型年金規約に基づいて同法第2条第8項（定義）に規定する企業型年金加入者のために支出した同法第3条第3項第7号（規約の承認）に規定する事業主掛金（同法第54条第1項（他の制度の資産の移換）の規定により移換した確定拠出年金法施行令（平成13年政令第248号）第22条第1項第5号（他の制度の資産の移換の基準）に掲げる資産を含む。）

　四〜六　（省略）

2 所得税法施行令（抄）

（確定給付企業年金規約等に基づく掛金等の取扱い）

第64条 事業を営む個人又は法人が支出した次の各号に掲げる掛金、保険料、事業主掛金又は信託金等は、当該各号に規定する被共済者、加入者、受益者等、企業型年金加入者、個人型年金加入者又は信託の受益者等に対する給与所得に係る収入金額に含まれないものとする。

　一～三　（省略）

　四　確定拠出年金法（平成13年法律第88号）第4条第3項（承認の基準等）に規定する企業型年金規約に基づいて同法第2条第8項（定義）に規定する企業型年金加入者のために支出した同法第3条第3項第7号（規約の承認）に規定する事業主掛金（同法第54条第1項（他の制度の資産の移換）の規定により移換した確定拠出年金法施行令（平成13年政令第248号）第22条第1項第5号（他の制度の資産の移換の基準）に掲げる資産を含む。）

　五～六　（省略）

3　法人税基本通達（抄）

（短期の前払費用）

2−2−14　前払費用（一定の契約に基づき継続的に役務の提供を受けるために支出した費用のうち当該事業年度終了の時においてまだ提供を受けていない役務に対応するものをいう。以下2−2−14において同じ。）の額は、当該事業年度の損金の額に算入されないのであるが、法人が、前払費用の額でその支払った日から1年以内に提供を受ける役務に係るものを支払った場合において、その支払った額に相当する金額を継続してその支払った日の属する事業年度の損金の額に算入しているときは、これを認める。

（注）　例えば借入金を預金、有価証券等に運用する場合のその借入金に係る支払利子のように、収益の計上と対応させる必要があるものについては、後段の取扱いの適用はないものとする。

（債務の免除による利益その他の経済的な利益）

9−2−9　法第34条第4項《役員給与》及び法第36条《過大な使用人給与の損金不算入》に規定する「債務の免除による利益その他の経済的な利益」とは、次に掲げるもののように、法人がこれらの行為をしたことにより実質的にその役員等（役員及び同条に規定する特殊の関係のある使用人をいう。以下9−2−10までにおいて同じ。）に対して給与を支給したと同様の経済的効果をもたらすもの（明らかに株主等の地位に基づいて取得したと認められるもの及び病気見舞、災害見舞等のような純然たる贈与と認められるものを除く。）をいう。

(1)〜(11)　（省略）

(12)　法人が役員等を被保険者及び保険金受取人とする生命保険契約を締結してその保険料の額の全部又は一部を負担した場合におけるその負担した保険料の額に相当する金額

（給与としない経済的な利益）

9−2−10　法人が役員等に対し9−2−9に掲げる経済的な利益の供与をした場合において、それが所得税法上経済的な利益として課税されないものであり、かつ、当該法人がその役員等に対する給与として経理し

なかったものであるときは、給与として取り扱わないものとする。

（継続的に供与される経済的利益の意義）

9－2－11　令第69条第1項第2号《定期同額給与の範囲等》に規定する「継続的に供与される経済的な利益のうち、その供与される利益の額が毎月おおむね一定であるもの」とは、その役員が受ける経済的な利益の額が毎月おおむね一定であるものをいうのであるから、例えば、次に掲げるものはこれに該当することに留意する。

(1)～(4)　（省略）

(5)　9－2－9の(11)及び(12)に掲げる金額で経常的に負担するもの

（養老保険に係る保険料）

9－3－4　法人が、自己を契約者とし、役員又は使用人（これらの者の親族を含む。）を被保険者とする養老保険（被保険者の死亡又は生存を保険事故とする生命保険をいい、特約が付されているものを含むが、9－3－6に定める定期付養老保険等を含まない。以下9－3－7の2までにおいて同じ。）に加入してその保険料（令第135条《確定給付企業年金等の掛金等の損金算入》の規定の適用があるものを除く。以下9－3－4において同じ。）を支払った場合には、その支払った保険料の額（特約に係る保険料の額を除く。）については、次に掲げる場合の区分に応じ、それぞれ次により取り扱うものとする。

(1)　死亡保険金（被保険者が死亡した場合に支払われる保険金をいう。以下9－3－4までにおいて同じ。）及び生存保険金（被保険者が保険期間の満了の日その他一定の時期に生存している場合に支払われる保険金をいう。以下9－3－4において同じ。）の受取人が当該法人である場合　その支払った保険料の額は、保険事故の発生又は保険契約の解除若しくは失効により当該保険契約が終了する時までは資産に計上するものとする。

(2)　死亡保険金及び生存保険金の受取人が被保険者又はその遺族である場合　その支払った保険料の額は、当該役員又は使用人に対する給与とする。

(3)　死亡保険金の受取人が被保険者の遺族で、生存保険金の受取人が当該法人である場合　その支払った保険料の額のうち、その2分の1に

相当する金額は(1)により資産に計上し、残額は期間の経過に応じて損金の額に算入する。ただし、役員又は部課長その他特定の使用人（これらの者の親族を含む。）のみを被保険者としている場合には、当該残額は、当該役員又は使用人に対する給与とする。

（定期保険及び第三分野保険に係る保険料）

9－3－5　法人が、自己を契約者とし、役員又は使用人（これらの者の親族を含む。）を被保険者とする定期保険（一定期間内における被保険者の死亡を保険事故とする生命保険をいい、特約が付されているものを含む。以下9－3－7の2までにおいて同じ。）又は第三分野保険（保険業法第3条第4項第2号《免許》に掲げる保険（これに類するものを含む。）をいい、特約が付されているものを含む。以下9－3－7の2までにおいて同じ。）に加入してその保険料を支払った場合には、その支払った保険料の額（特約に係る保険料の額を除く。以下9－3－5の2までにおいて同じ。）については、9－3－5の2《定期保険等の保険料に相当多額の前払部分の保険料が含まれる場合の取扱い》の適用を受けるものを除き、次に掲げる場合の区分に応じ、それぞれ次により取り扱うものとする。

(1)　保険金又は給付金の受取人が当該法人である場合　その支払った保険料の額は、原則として、期間の経過に応じて損金の額に算入する。

(2)　保険金又は給付金の受取人が被保険者又はその遺族である場合　その支払った保険料の額は、原則として、期間の経過に応じて損金の額に算入する。ただし、役員又は部課長その他特定の使用人（これらの者の親族を含む。）のみを被保険者としている場合には、当該保険料の額は、当該役員又は使用人に対する給与とする。

(注)1　保険期間が終身である第三分野保険については、保険期間の開始の日から被保険者の年齢が116歳に達する日までを計算上の保険期間とする。

2　(1)及び(2)前段の取扱いについては、法人が、保険期間を通じて解約返戻金相当額のない定期保険又は第三分野保険（ごく少額の払戻金のある契約を含み、保険料の払込期間が保険期間より短いものに限る。以下9－3－5において「解約返戻金相当額のない短期払の定期保険又は第三分野保険」という。）に加入した場合において、当該事業年度

に支払った保険料の額（一の被保険者につき2以上の解約返戻金相当額のない短期払の定期保険又は第三分野保険に加入している場合にはそれぞれについて支払った保険料の額の合計額）が30万円以下であるものについて、その支払った日の属する事業年度の損金の額に算入しているときには、これを認める。

（定期保険等の保険料に相当多額の前払部分の保険料が含まれる場合の取扱い）

9−3−5の2 法人が、自己を契約者とし、役員又は使用人（これらの者の親族を含む。）を被保険者とする保険期間が3年以上の定期保険又は第三分野保険（以下9−3−5の2において「定期保険等」という。）で最高解約返戻率が50％を超えるものに加入して、その保険料を支払った場合には、当期分支払保険料の額については、次表に定める区分に応じ、それぞれ次により取り扱うものとする。ただし、これらの保険のうち、最高解約返戻率が70％以下で、かつ、年換算保険料相当額（一の被保険者につき2以上の定期保険等に加入している場合にはそれぞれの年換算保険料相当額の合計額）が30万円以下の保険に係る保険料を支払った場合については、9−3−5の例によるものとする。

(1) 当該事業年度に次表の資産計上期間がある場合には、当期分支払保険料の額のうち、次表の資産計上額の欄に掲げる金額（当期分支払保険料の額に相当する額を限度とする。）は資産に計上し、残額は損金の額に算入する。

(注) 当該事業年度の中途で次表の資産計上期間が終了する場合には、次表の資産計上額については、当期分支払保険料の額を当該事業年度の月数で除して当該事業年度に含まれる資産計上期間の月数（1月未満の端数がある場合には、その端数を切り捨てる。）を乗じて計算した金額により計算する。また、当該事業年度の中途で次表の資産計上額の欄の「保険期間の開始の日から、10年を経過する日」が到来する場合の資産計上額についても、同様とする。

(2) 当該事業年度に次表の資産計上期間がない場合（当該事業年度に次表の取崩期間がある場合を除く。）には、当期分支払保険料の額は、損金の額に算入する。

(3) 当該事業年度に次表の取崩期間がある場合には、当期分支払保険料

の額（(1)により資産に計上することとなる金額を除く。）を損金の額に算入するとともに、(1)により資産に計上した金額の累積額を取崩期間（当該取崩期間に1月未満の端数がある場合には、その端数を切り上げる。）の経過に応じて均等に取り崩した金額のうち、当該事業年度に対応する金額を損金の額に算入する。

区分	資産計上期間	資産計上額	取崩期間
最高解約返戻率50%超70%以下	保険期間の開始の日から、当該保険期間の100分の40相当期間を経過する日まで	当期分支払保険料の額に100分の40を乗じて計算した金額	保険期間の100分の75相当期間経過後から、保険期間の終了の日まで
最高解約返戻率70%超85%以下		当期分支払保険料の額に100分の60を乗じて計算した金額	
最高解約返戻率85%超	保険期間の開始の日から、最高解約返戻率となる期間（当該期間経過後の各期間において、その期間における解約返戻金相当額からその直前の期間における解約返戻金相当額を控除した金額を年換算保険料相当額で除した割合が100分の70を超える期間がある場合には、その超えることとなる期間）の終了の日まで (注) 上記の資産計上期間が5年未満となる場合には、保険期間の開始の日から、5年を経過する日まで（保険期間が10年未満の場合には、保険期間の開始の日から、当該保険期間の100分の50相当期間を経過する日まで）とする。	当期分支払保険料の額に最高解約返戻率の100分の70（保険期間の開始の日から、10年を経過する日までは、100分の90）を乗じて計算した金額	解約返戻金相当額が最も高い金額となる期間（資産計上期間がこの表の資産計上期間の欄に掲げる（注）に該当する場合には、当該（注）による資産計上期間）経過後から、保険期間の終了の日まで

(注) 1　「最高解約返戻率」、「当期分支払保険料の額」、「年換算保険料相当額」及び「保険期間」とは、それぞれ次のものをいう。

　　　イ　最高解約返戻率とは、その保険の保険期間を通じて解約返戻率（保険契約時において契約者に示された解約返戻金相当額について、そ

　　れを受けることとなるまでの間に支払うこととなる保険料の額の合計額で除した割合）が最も高い割合となる期間におけるその割合をいう。

　ロ　当期分支払保険料の額とは、その支払った保険料の額のうち当該事業年度に対応する部分の金額をいう。

　ハ　年換算保険料相当額とは、その保険の保険料の総額を保険期間の年数で除した金額をいう。

　ニ　保険期間とは、保険契約に定められている契約日から満了日までをいい、当該保険期間の開始の日以後1年ごとに区分した各期間で構成されているものとして本文の取扱いを適用する。

2　保険期間が終身である第三分野保険については、保険期間の開始の日から被保険者の年齢が116歳に達する日までを計算上の保険期間とする。

3　表の資産計上期間の欄の「最高解約返戻率となる期間」及び「100分の70を超える期間」並びに取崩期間の欄の「解約返戻金相当額が最も高い金額となる期間」が複数ある場合には、いずれもその最も遅い期間がそれぞれの期間となることに留意する。

4　一定期間分の保険料の額の前払をした場合には、その全額を資産に計上し、資産に計上した金額のうち当該事業年度に対応する部分の金額について、本文の取扱いによることに留意する。

5　本文の取扱いは、保険契約時の契約内容に基づいて適用するのであるが、その契約内容の変更があった場合、保険期間のうち当該変更以後の期間においては、変更後の契約内容に基づいて9－3－4から9－3－6の2の取扱いを適用する。

　　なお、その契約内容の変更に伴い、責任準備金相当額の過不足の精算を行う場合には、その変更後の契約内容に基づいて計算した資産計上額の累積額と既往の資産計上額の累積額との差額について調整を行うことに留意する。

6　保険金又は給付金の受取人が被保険者又はその遺族である場合であって、役員又は部課長その他特定の使用人（これらの者の親族を含む。）のみを被保険者としているときには、本文の取扱いの適用はなく、9－3－5の(2)の例により、その支払った保険料の額は、当該役員又は使用人に対する給与となる。

（定期付養老保険等に係る保険料）

9−3−6　法人が、自己を契約者とし、役員又は使用人（これらの者の親族を含む。）を被保険者とする定期付養老保険等（養老保険に定期保険又は第三分野保険を付したものをいう。以下9−3−7までにおいて同じ。）に加入してその保険料を支払った場合には、その支払った保険料の額（特約に係る保険料の額を除く。）については、次に掲げる場合の区分に応じ、それぞれ次により取り扱うものとする。

(1)　当該保険料の額が生命保険証券等において養老保険に係る保険料の額と定期保険又は第三分野保険に係る保険料の額とに区分されている場合　それぞれの保険料の額について9−3−4、9−3−5又は9−3−5の2の例による。

(2)　(1)以外の場合　その保険料の額について9−3−4の例による。

（特約に係る保険料）

9−3−6の2　法人が、自己を契約者とし、役員又は使用人（これらの者の親族を含む。）を被保険者とする特約を付した養老保険、定期保険、第三分野保険又は定期付養老保険等に加入し、当該特約に係る保険料を支払った場合には、その支払った保険料の額については、当該特約の内容に応じ、9−3−4、9−3−5又は9−3−5の2の例による。

（保険契約の転換をした場合）

9−3−7　法人がいわゆる契約転換制度によりその加入している養老保険、定期保険、第三分野保険又は定期付養老保険等を他の養老保険、定期保険、第三分野保険又は定期付養老保険等（以下9−3−7において「転換後契約」という。）に転換した場合には、資産に計上している保険料の額（以下9−3−7において「資産計上額」という。）のうち、転換後契約の責任準備金に充当される部分の金額（以下9−3−7において「充当額」という。）を超える部分の金額をその転換をした日の属する事業年度の損金の額に算入することができるものとする。この場合において、資産計上額のうち充当額に相当する部分の金額については、その転換のあった日に保険料の一時払いをしたものとして、転換後契約の内容に応じて9−3−4から9−3−6の2までの例（ただし、9−3

－5の2の表の資産計上期間の欄の（注）を除く。）による。

（払済保険へ変更した場合）

9－3－7の2 法人が既に加入している生命保険をいわゆる払済保険に変更した場合には、原則として、その変更時における解約返戻金相当額とその保険契約により資産に計上している保険料の額（以下9－3－7の2において「資産計上額」という。）との差額を、その変更した日の属する事業年度の益金の額又は損金の額に算入する。ただし、既に加入している生命保険の保険料の全額（特約に係る保険料の額を除く。）が役員又は使用人に対する給与となる場合は、この限りでない。

(注)1　養老保険、終身保険、定期保険、第三分野保険及び年金保険（特約が付加されていないものに限る。）から同種類の払済保険に変更した場合に、本文の取扱いを適用せずに、既往の資産計上額を保険事故の発生又は解約失効等により契約が終了するまで計上しているときは、これを認める。

2　本文の解約返戻金相当額については、その払済保険へ変更した時点において当該変更後の保険と同一内容の保険に加入して保険期間の全部の保険料を一時払いしたものとして、9－3－4から9－3－6までの例（ただし、9－3－5の2の表の資産計上期間の欄の（注）を除く。）により処理するものとする。

3　払済保険が復旧された場合には、払済保険に変更した時点で益金の額又は損金の額に算入した金額を復旧した日の属する事業年度の損金の額又は益金の額に、また、払済保険に変更した後に損金の額に算入した金額は復旧した日の属する事業年度の益金の額に算入する。

（契約者配当）

9－3－8 法人が生命保険契約（適格退職年金契約に係るものを含む。）に基づいて支払を受ける契約者配当の額については、その通知（据置配当については、その積立てをした旨の通知）を受けた日の属する事業年度の益金の額に算入するのであるが、当該生命保険契約が9－3－4の(1)に定める場合に該当する場合（9－3－6の(2)により9－3－4の(1)の例による場合を含む。）には、当該契約者配当の額を資産に計上している保険料の額から控除することができるものとする。

(注)1　契約者配当の額をもっていわゆる増加保険に係る保険料の額に充当することになっている場合には、その保険料の額については、9－3－4から9－3－6までに定めるところによる。

2　据置配当又は未収の契約者配当の額に付される利子の額については、その通知のあった日の属する事業年度の益金の額に算入するのであるから留意する。

（長期の損害保険契約に係る支払保険料）

9－3－9　法人が、保険期間が3年以上で、かつ、当該保険期間満了後に満期返戻金を支払う旨の定めのある損害保険契約（これに類する共済に係る契約を含む。以下9－3－12までにおいて「長期の損害保険契約」という。）について保険料（共済掛金を含む。以下9－3－12までにおいて同じ。）を支払った場合には、その支払った保険料の額のうち積立保険料に相当する部分の金額は保険期間の満了又は保険契約の解除若しくは失効の時までは資産に計上するものとし、その他の部分の金額は期間の経過に応じて損金の額に算入する。

(注)　支払った保険料の額のうち、積立保険料に相当する部分の金額とその他の部分の金額との区分は、保険料払込案内書、保険証券添付書類等により区分されているところによる。

（賃借建物等を保険に付した場合の支払保険料）

9－3－10　法人が賃借している建物等（役員又は使用人から賃借しているもので当該役員又は使用人に使用させているものを除く。）に係る長期の損害保険契約について保険料を支払った場合には、当該保険料については、次に掲げる区分に応じ、次による。

(1)　法人が保険契約者となり、当該建物等の所有者が被保険者となっている場合　9－3－9による。

(2)　当該建物等の所有者が保険契約者及び被保険者となっている場合　保険料の全部を当該建物等の賃借料とする。

（役員又は使用人の建物等を保険に付した場合の支払保険料）

9－3－11　法人がその役員又は使用人の所有する建物等（9－3－10括弧書に該当する建物等を含む。）に係る長期の損害保険契約について保

険料を支払った場合には、当該保険料については、次に掲げる区分に応じ、次による。

(1) 法人が保険契約者となり、当該役員又は使用人が被保険者となっている場合　保険料の額のうち、積立保険料に相当する部分の金額は資産に計上し、その他の部分の金額は当該役員又は使用人に対する給与とする。ただし、その他の部分の金額で所得税法上経済的な利益として課税されないものについて法人が給与として経理しない場合には、給与として取り扱わない。

(2) 当該役員又は使用人が保険契約者及び被保険者となっている場合　保険料の額の全部を当該役員又は使用人に対する給与とする。

(保険事故の発生による積立保険料の処理)

9－3－12　法人が長期の損害保険契約につき資産に計上している積立保険料に相当する部分の金額は、保険事故の発生により保険金の支払を受けた場合においても、その支払により当該損害保険契約が失効しないときは損金の額に算入されないことに留意する。

4　所得税基本通達（抄）

（使用者契約の養老保険に係る経済的利益）

36−31　使用者が、自己を契約者とし、役員又は使用人（これらの者の親族を含む。）を被保険者とする養老保険（被保険者の死亡又は生存を保険事故とする生命保険をいい、傷害特約等の特約が付されているものを含むが、36−31の3に定める定期付養老保険を含まない。以下36−31の5までにおいて同じ。）に加入してその保険料（令第64条《確定給付企業年金規約等に基づく掛金等の取扱い》及び第65条《不適格退職共済契約等に基づく掛金の取扱い》の規定の適用があるものを除く。以下この項において同じ。）を支払ったことにより当該役員又は使用人が受ける経済的利益（傷害特約等の特約に係る保険料の額に相当する金額を除く。）については、次に揚げる場合の区分に応じ、それぞれ次により取り扱うものとする。

(1)　死亡保険金（被保険者が死亡した場合に支払われる保険金をいう。以下36−31の2までにおいて同じ。）及び生存保険金（被保険者が保険期間の満了の日その他一定の時期に生存している場合に支払われる保険金をいう。以下この項において同じ。）の受取人が当該使用者である場合　　当該役員又は使用人が受ける経済的利益はないものとする。

(2)　死亡保険金及び生存保険金の受取人が被保険者又はその遺族である場合　　その支払った保険料の額に相当する金額は、当該役員又は使用人に対する給与等とする。

(3)　死亡保険金の受取人が被保険者の遺族で、生存保険金の受取人が当該使用者である場合　　当該役員又は使用人が受ける経済的利益はないものとする。ただし、役員又は特定の使用人（これらの者の親族を含む。）のみを被保険者としている場合には、その支払った保険料の額のうち、その2分の1に相当する金額は、当該役員又は使用人に対する給与等とする。

(注)1　傷害特約等の特約に係る保険料を使用者が支払ったことにより役員又は使用人が受ける経済的利益については、36−31の4参照

　　2　上記(3)のただし書については、次によることに留意する。

　　　⑴　保険加入の対象とする役員又は使用人について、加入資格の有

無、保険金額等に格差が設けられている場合であっても、それが職種、年齢、勤続年数等に応ずる合理的な基準により、普遍的に設けられた格差であると認められるときは、ただし書を適用しない。

(2)　役員又は使用人の全部又は大部分が同族関係者である法人については、たとえその役員又は使用人の全部を対象として保険に加入する場合であっても、その同族関係者である役員又は使用人については、ただし書を適用する。

（使用者契約の定期保険に係る経済的利益）

36－31の2　使用者が、自己を契約者とし、役員又は使用人（これらの者の親族を含む。）を被保険者とする定期保険（一定期間内における被保険者の死亡を保険事故とする生命保険をいい、傷害特約等の特約が付されているものを含む。以下36－31の5までにおいて同じ。）に加入してその保険料を支払ったことにより当該役員又は使用人が受ける経済的利益（傷害特約等の特約に係る保険料の額に相当する金額を除く。）については、次に掲げる場合の区分に応じ、それぞれ次により取り扱うものとする。

(1)　死亡保険金の受取人が当該使用者である場合　　当該役員又は使用人が受ける経済的利益はないものとする。

(2)　死亡保険金の受取人が被保険者の遺族である場合　　当該役員又は使用人が受ける経済的利益はないものとする。ただし、役員又は特定の使用人（これらの者の親族を含む。）のみを被保険者としている場合には、当該保険料の額に相当する金額は、当該役員又は使用人に対する給与等とする。

(注)1　傷害特約等の特約に係る保険料を使用者が支払ったことにより役員又は使用人が受ける経済的利益については、36－31の4参照

2　36－31の（注）2の取扱いは、上記(2)のただし書について準用する。

（使用者契約の定期付養老保険に係る経済的利益）

36－31の3　使用者が、自己を契約者とし、役員又は使用人（これらの者の親族を含む。）を被保険者とする定期付養老保険（養老保険に定期保険を付したものをいう。以下36－31の5までにおいて同じ。）に加入し

てその保険料を支払ったことにより当該役員又は使用人が受ける経済的利益（傷害特約等の特約に係る保険料の額に相当する金額を除く。）については、次に掲げる場合の区分に応じ、それぞれ次により取り扱うものとする。

(1) 当該保険料の額が生命保険証券等において養老保険に係る保険料の額と定期保険に係る保険料の額とに区分けされている場合　それぞれの保険料の支払があったものとして、それぞれ36－31又は36－31の2の例による。

(2) (1)以外の場合　36－31の例による。

（注）　傷害特約等の特約に係る保険料を使用者が支払ったことにより役員又は使用人が受ける経済的利益については、36－31の4参照

（使用者契約の傷害特約等の特約を付した保険に係る経済的利益）

36－31の4　使用者が、自己を契約者とし、役員又は使用人（これらの者の親族を含む。）を被保険者とする傷害特約等の特約を付した養老保険、定期保険又は定期付養老保険に加入し、当該特約に係る保険料を支払ったことにより当該役員又は使用人が受ける経済的利益はないものとする。ただし、役員又は特定の使用人（これらの者の親族を含む。）のみを傷害特約等に係る給付金の受取人としている場合には、当該保険料の額に相当する金額は、当該役員又は使用人に対する給与等とする。

（注）　36－31の（注）2の取扱いは、上記ただし書について準用する。

（使用者契約の生命保険契約の転換をした場合）

36－31の5　使用者がいわゆる契約転換制度によりその加入している養老保険又は定期付養老保険を他の養老保険、定期保険又は定期付養老保険（以下この項において「転換後契約」という。）に転換した場合には、その転換のあった日に転換後契約の責任準備金に充当される部分の金額（36－31から36－31の3までの取扱いにより、役員又は使用人に対する給与等とされている金額がある場合には当該金額を除く。）に相当する金額の保険料の一時払いをしたものとして、転換後契約の内容に応じて36－31から36－31の3までの例による。

（生命保険契約に係る取扱いの準用）

36－31の6　36－31から36－31の5までの取扱いについては、法第76条第
　5項第2号に掲げる旧簡易生命保険契約及び同項第3号に掲げる生命共
　済契約等について準用する。

（使用者契約の保険契約等に係る経済的利益）

36－31の7　使用者が自己を契約者とし、役員又は使用人のために次に掲
　げる保険契約又は共済契約（当該契約期間の満了に際し満期返戻金、満
　期共済金等の給付がある場合には、当該給付の受取人を使用者としてい
　る契約に限る。）に係る保険料（共済掛金を含む。以下この項において
　同じ。）を支払ったことにより当該役員又は使用人が受ける経済的利益
　については、課税しなくて差し支えない。ただし、役員又は特定の使用
　人のみを対象として当該保険料を支払うこととしている場合には、その
　支払った保険料の額（その契約期間の満了に際し満期返戻金、満期共済
　金等の給付がある場合には、支払った保険料の額から積立保険料に相当
　する部分の金額を控除した金額）に相当する金額は、当該役員又は使用
　人に対する給与等とする。

　(1)　役員又は使用人（これらの者の親族を含む。）の身体を保険の目的
　　とする法第76条第6項第4号に掲げる保険契約及び同条第7項に規定
　　する介護医療保険契約等

　(2)　役員又は使用人（これらの者の親族を含む。）の身体を保険若しく
　　は共済の目的とする損害保険契約又は共済契約

　(3)　役員又は使用人に係る法第77条第1項《地震保険料控除》に規定す
　　る家屋又は資産（役員又は使用人から賃借している建物等で当該役員
　　又は使用人に使用させているものを含む。）を保険若しくは共済の目
　　的とする損害保険契約又は共済契約

（使用人契約の保険契約等に係る経済的利益）

36－31の8　使用者が、役員又は使用人が負担すべき次に掲げるような保
　険料又は掛金を負担する場合には、その負担する金額は、当該役員又は
　使用人に対する給与等に該当することに留意する。

　(1)　役員又は使用人が契約した法第76条第5項に規定する新生命保険契
　　約等、同条第6項に規定する旧生命保険契約等及び同条第7項に規定

する介護医療保険契約等（確定給付企業年金規約及び適格退職年金契約に係るものを除く。36－32において「生命保険契約等」という。）又は法第77条第2項に規定する損害保険契約等（36－32において「損害保険契約等」という。）に係る保険料又は掛金

(2)　法第74条第2項《社会保険料控除》に規定する社会保険料

(3)　法第75条第2項《小規模企業共済等掛金控除》に規定する小規模企業共済等掛金

（課税しない経済的利益……使用者が負担する少額な保険料等）

36－32　使用者が役員又は使用人のために次に掲げる保険料又は掛金を負担することにより当該役員又は使用人が受ける経済的利益については、その者につきその月中に負担する金額の合計額が300円以下である場合に限り、課税しなくて差し支えない。ただし、使用者が役員又は特定の使用人（これらの者の親族を含む。）のみを対象として当該保険料又は掛金を負担することにより当該役員又は使用人が受ける経済的利益については、この限りでない。

(1)　健康保険法、雇用保険法、厚生年金保険法又は船員保険法の規定により役員又は使用人が被保険者として負担すべき保険料

(2)　生命保険契約等又は損害保険契約等に係る保険料又は掛金（36－31から36－31の7までにより課税されないものを除く。）

(注)　使用者がその月中に負担する金額の合計額が300円以下であるかどうかを判定する場合において、上記の契約のうちに保険料又は掛金の払込みを年払、半年払等により行う契約があるときは、当該契約に係るその月中に負担する金額は、その年払、半年払等による保険料又は掛金の月割額とし、使用者が上記の契約に基づく剰余金又は割戻金の支払を受けたときは、その支払を受けた後に支払った保険料又は掛金の額のうちその支払を受けた剰余金又は割戻金の額に達するまでの金額は、使用者が負担する金額には含まれない。

（保険契約等に関する権利の評価）

36－37　使用者が役員又は使用人に対して生命保険契約若しくは損害保険契約又はこれらに類する共済契約（以下「保険契約等」という。）に関する権利を支給した場合には、その支給時において当該保険契約等を解

除したとした場合に支払われることとなる解約返戻金の額（解約返戻金のほかに支払われることとなる前納保険料の金額、剰余金の分配額等がある場合には、これらの金額との合計額。以下「支給時解約返戻金の額」という。）により評価する。

　ただし、次の保険契約等に関する権利を支給した場合には、それぞれ次のとおり評価する。

(1)　支給時解約返戻金の額が支給時資産計上額の70％に相当する金額未満である保険契約等に関する権利（法人税基本通達9－3－5の2の取扱いの適用を受けるものに限る。）を支給した場合には、当該支給時資産計上額により評価する。

(2)　復旧することのできる払済保険その他これに類する保険契約等に関する権利（元の契約が法人税基本通達9－3－5の2の取扱いの適用を受けるものに限る。）を支給した場合には、支給時資産計上額に法人税基本通達9－3－7の2の取扱いにより使用者が損金に算入した金額を加算した金額により評価する。

　　(注)　「支給時資産計上額」とは、使用者が支払った保険料の額のうち当該保険契約等に関する権利の支給時の直前において前払部分の保険料として法人税基本通達の取扱いにより資産に計上すべき金額をいい、預け金等で処理した前納保険料の金額、未収の剰余金の分配額等がある場合には、これらの金額を加算した金額をいう。

5　租税特別措置法関係通達（法人税編）（抄）

（事業者に金銭等で支出する販売奨励金等の費用）

61の4⑴−7　法人が販売促進の目的で特定の地域の得意先である事業者に対して販売奨励金等として金銭又は事業用資産を交付する場合のその費用は、交際費等に該当しない。ただし、その販売奨励金等として交付する金銭の全部又は一部が61の4⑴−15の⑸に掲げる交際費等の負担額として交付されるものである場合には、その負担額に相当する部分の金額についてはこの限りでない。

（注）　法人が特約店等の従業員等（役員及び従業員をいう。以下同じ。）を被保険者とするいわゆる掛捨ての生命保険又は損害保険（役員、部課長その他特定の従業員等のみを被保険者とするものを除く。）の保険料を負担した場合のその負担した金額は、販売奨励金等に該当する。

6　個別通達

○　団体信用保険にかかる課税上の取扱いについて

官審（法）34
官審（所）39
官審（資）9
昭和44年5月26日

　標題のことについて、別紙2のとおり○○生命保険相互会社取締役社長○○○○から照会があり、別紙1のとおり当庁特別審理室参事官名をもって回答したから、了知されたい。

（別紙1）

　団体信用保険にかかる課税上の取扱いについて（昭和44.1.22付照会に対する回答）

　標題のことについては、貴見のとおりでさしつかえありません。

（別紙2）

　団体信用保険にかかる課税上の取扱について

　団体信用保険は、企業の信用販売制度における利用をねらいとしたもので、債権者である信用供与機関（月賦販売会社、銀行等）が債務者の死亡または廃疾に際して支払われる保険金をもってその債務者に対する賦払債権の回収を確実に行なうことを目的とする特殊の団体保険であり、その内容はおおむね次のとおりであります。

(1)　契約者および保険金受取人

　賦払償還によって債務の弁済を受ける信用供与機関または信用供与機関に対して保証債務を負う販売機関等（月賦販売会社、銀行等）。

(2)　被保険者

　同一の信用供与機関に対して賦払償還債務を負う債務者の全部または一

部の集団で、契約者と保険会社との協議をもって定めるもの（顧客）。

(3)　保険金

被保険者の保険事故発生時における賦払償還債務残額相当額。

(4)　保険事故

被保険者の死亡および一定程度以上の廃疾。

(5)　被保険期間

賦払期間。ただし、被保険者の一部に一定年令（60才または65才）に達した者が生じた場合または被保険者の一部が脱退した場合には、それらの部分についてはその一定年令に達した時または脱退の時までとし、解約があった場合には解約の時をもって終了する。

(6)　保険料

保険料は、保険金額（賦払償還債務残額）に応じて年１回改算し、月払とする。

なお、料率は被保険者の年令に応じて逓増する。

(7)　返戻金

保険契約の解除、解約、被保険者の脱退等による返戻金はない。

(8)　社員配当金

年１回契約応当日において有効な契約に対し社員配当金を保険料相殺により支払う。

　　以上に基づき保険金受取人たる月賦販売会社、銀行等は被保険者たる顧客との間に、保険金の受領を停止条件として賦払償還債務を免除する旨の特約を結ぶ。

　　しかして、これについてその課税関係は下記のとおりと解してさしつかえありませんか。お伺いいたします。

記

1　保険料の損金算入

　　契約者たる月賦販売会社、銀行等が保険会社に払い込む保険料は、いわゆる債権の保全費用または販売費用（顧客の借入れについて保証する場合）の性格を有するものと認められ、かつ返戻金のないいわゆる掛捨てであることから、単純な期間費用として損金算入を認められる。

　なお、契約上被保険者たる顧客が負担することとしている保険料を月賦販売会社等が負担することとしている場合においても、実質的には販売代金に変形して回収しているということもできるので寄付金または交際費に該当せず、同様に損金算入を認められる。

２　保険金を収入した場合の債務免除

　債権者たる月賦販売会社、銀行等が保険金受取人になっていることは、実質的には顧客が受取人となっている保険金請求権上に質権を設定し、これに基づいて本来の弁済を受けるものと解することもできるし、あるいは保険会社から契約に基づいて代位弁済を受けるものと解することもできる。したがって、この場合の顧客に対する債務免除について、貸倒れの判定は要しない。

　すなわち、債権者たる月賦販売会社、銀行等が受け取った保険金は、単に入金処理をすればよい（益金とする必要はない）。

３　死亡事故が起きた場合

　保険事故が死亡であった場合の賦払償還債務の免除に関しては、相続税の課税上は相続人によって承継される債務がないものとし、被保険者である顧客およびその相続人について所得税の課税関係は生じない。

４　廃疾事故が起きた場合

　保険事故が廃疾であった場合の賦払償還債務の免除に関しては、その利益が身体の傷害に基因して受けるものであるので、所得税の課税関係は生じない。

以　上

○ 法人が契約する個人年金保険に係る法人税の取扱いについて

直審 4 −19（例規）

平成 2 年 5 月30日

　標題のことについては、当面下記により取り扱うこととしたから、今後処理するものからこれによられたい。

（趣旨）

　個人年金保険は、年金支払開始日に被保険者が生存しているときには、同日以後の一定期間にわたって年金が支払われ、また、同日前に被保険者が死亡したときには、所定の死亡給付金が支払われる生命保険であるが、いわゆる満期保険金はなく、死亡給付金の額が保険料払込期間の経過期間に応じて逓増するなど、同じく被保険者の死亡又は生存を保険事故とする生命保険である養老保険とはその仕組みが異なっている。このため、法人が、自己を契約者とし、役員又は使用人を被保険者とする個人年金保険に加入してその保険料を支払った場合における支払保険料の損金算入等の取扱いについては、法人税基本通達 9 − 3 − 4 及び 9 − 3 − 8 の定めをそのまま準用することは適当でない。また、年金の収受に伴う保険差損益の計上時期等についても明らかにする必要がある。そこで、その支払保険料の損金算入等の取扱いを明らかにすることとしたものである。

記

1　個人年金保険の内容

　この通達に定める取扱いの対象とする個人年金保険は、法人が、自己を契約者とし、役員又は使用人（これらの者の親族を含む。）を被保険者として加入した生命保険で、当該保険契約に係る年金支払開始日に被保険者が生存しているときに所定の期間中、年金が当該保険契約に係る年金受取人に支払われるものとする。

　（注）　法人税法施行令第135条《適格退職年金契約等の掛金等の損金算入》の規定の適用のあるもの及び法人税基本通達 9 − 3 − 4 の定めの適用のあるものは、この通達に定める取扱いの対象とならないことに留意する。

2　個人年金保険に係る保険料の取扱い

　法人が個人年金保険に加入してその保険料を支払った場合には、その支払った保険料の額（傷害特約等の特約に係る保険料の額を除く。）については、次に掲げる場合の区分に応じ、それぞれ次により取り扱うものとす

る。

> （注） 傷害特約等の特約に係る保険料の取扱いについては、法人税基本通達
> ９－３－６の２の定めを準用する。

(1) 死亡給付金（年金支払開始日前に被保険者が死亡した場合に支払われ
る死亡給付金又は死亡保険金をいう。以下同じ。）及び年金（年金支払
開始日に被保険者が生存している場合に支払われる年金をいう。以下同
じ。）の受取人が当該法人である場合　その支払った保険料の額は、下
記の５《資産計上した保険料等の取崩し》の定めにより取り崩すまでは
資産に計上するものとする。

(2) 死亡給付金及び年金の受取人が当該被保険者又はその遺族である場合
その支払った保険料の額は、当該役員又は使用人に対する給付とする。

(3) 死亡給付金の受取人が当該被保険者の遺族で、年金の受取人が当該法
人である場合　その支払った保険料の額のうち、その90％に相当する金
額は(1)により資産に計上し、残額は期間の経過に応じて損金の額に算入
する。ただし、役員又は部課長その他特定の使用人（これらの者の親族
を含む。）のみを被保険者としている場合には、当該残額は、当該役員
又は使用人に対する給与とする。

３　年金支払開始日前に支払を受ける契約者配当の取扱い

法人が個人年金保険の保険契約に基づいて年金支払開始日前に支払を受
ける契約者配当の額については、その通知を受けた日の属する事業年度の
益金の額に算入する。ただし、当該保険契約の年金の受取人が被保険者で
あり、かつ、当該法人と当該被保険者との契約により、当該法人が契約者
配当の支払請求をしないでその全額を年金支払開始日まで積み立てておく
こと（当該積み立てた契約者配当の額が、生命保険会社において年金支払
開始日に当該保険契約の責任準備金に充当され、年金の額が増加する（こ
れにより増加する年金を「増加年金」という。以下同じ。）こと）が明ら
かである場合には、当該契約者配当の額を益金の額に算入しないことがで
きる。

> （注） 契約者配当の額に付される利子の額については、本文ただし書の定め
> により当該契約者配当の額を益金の額に算入しない場合を除き、その通
> 知を受けた日の属する事業年度の益金の額に算入するのであるから留意
> する。

４　年金支払開始日以後に支払を受ける契約者配当の取扱い

　法人が個人年金保険の年金の受取人である場合に当該保険契約に基づいて年金支払開始日以後に支払を受ける契約者配当の額については、その通知を受けた日の属する事業年度の益金の額に算入する。ただし、年金支払開始日に分配される契約者配当で、生命保険会社から年金として支払われるもの（年金受取人の支払方法の選択によるものを除く。）については、当該契約者配当の額をその通知を受けた日の属する事業年度の益金の額に算入しないことができる。

　なお、益金の額に算入した契約者配当の額を一時払保険料に充当した場合には、下記の5《資産計上した保険料等の取崩し》に定めるところにより取り崩すまでは資産に計上するものとする（以下この通達において、契約者配当を充当した一時払保険料を「買増年金積立保険料」という。）。

　　（注）　契約者配当の額に付される利子の額については、その通知を受けた日の属する事業年度の益金の額に算入するのであるから留意する。

5　資産計上した保険料等の取崩し

　資産に計上した保険料等の取崩しについては、次に掲げる場合の区分に応じ、それぞれ次に掲げるところによる。

(1)　年金支払開始日前に死亡給付金支払の保険事故が生じた場合　当該保険事故が生じた日（死亡給付金の受取人が当該法人である場合には、死亡給付金の支払通知を受けた日）の属する事業年度において、当該保険契約に基づいて資産に計上した支払保険料の額及び資産に計上した契約者配当等（配当を積み立てたことにより付される利子を含む。以下同じ。）の額の全額を取り崩して損金の額に算入する。

　　（注）　この場合、死亡給付金の受取人が法人であるときには、支払を受ける死亡給付金の額及び契約者配当等の額を法人の益金の額に算入するのであるから留意する。

(2)　年金の受取人が役員又は使用人である保険契約に係る年金支払開始日が到来した場合　当該年金支払開始日の属する事業年度において、当該保険契約に基づいて資産に計上した契約者配当等の額の全額を取り崩して損金の額に算入する。

(3)　年金の受取人が当該法人である保険契約に基づいて契約年金（年金支払開始日前の支払保険料に係る年金をいう。以下同じ。）及び増加年金の支払を受ける場合（年金の一時支払を受ける場合を除く。）　当該年金の支払通知を受けた日の属する事業年度において、当該保険契約に基づ

いて年金支払開始日までに資産に計上した支払保険料の額及び年金支払
開始日に責任準備金に充当された契約者配当等の額の合計額（以下この
通達において、「年金積立保険料の額」という。）に、当該支払を受ける
契約年金の額及び増加年金の額の合計額が年金支払総額（次に掲げる場
合の区分に応じ、それぞれ次に掲げる金額をいう。以下同じ。）に占め
る割合を乗じた金額に相当する額の年金積立保険料の額を取り崩して損
金の額に算入する。

イ　当該保険契約が確定年金（あらかじめ定められた期間（以下この通
　達において、その期間を「保証期間」という。）中は被保険者の生死
　にかかわらず年金が支払われることとされているものをいう。以下同
　じ。）である場合　当該保険契約に基づいて当該保証期間中に支払わ
　れる契約年金の額及び増加年金の額の合計額

ロ　当該保険契約が保証期間付終身年金（保証期間中は被保険者の生死
　にかかわらず年金が支払われ、あるいは保証期間中に被保険者が死亡
　したときには保証期間に対応する年金の支払残額が支払われ、保証期
　間経過後は年金支払開始日の応当日に被保険者が生存しているときに
　年金が支払われるものをいう。以下同じ。）である場合　当該保険契
　約に基づいて当該保証期間と被保険者の余命年数（年金支払開始日に
　おける所得税法施行令の別表「余命年数表」に掲げる余命年数をいう。
　以下同じ。）の期間とのいずれか長い期間中に支払われる契約年金の
　額及び増加年金の額の合計額。ただし、保証期間中に被保険者が死亡
　したとき以後にあっては、当該保険契約に基づいて当該保証期間中に
　支払われる契約年金の額及び増加年金の額の合計額

ハ　当該保険契約が有期年金（保証期間中において被保険者が生存して
　いるときに年金が支払われ、保証期間中に被保険者が死亡した場合で
　年金基金残額があるときには死亡一時金が支払われるものをいう。以
　下同じ。）である場合　被保険者の生存を前提に、当該保険契約に基
　づき当該保証期間中に支払われる契約年金の額及び増加年金の額の合
　計額

　なお、保証期間付終身年金で、かつ、被保険者の余命年数の期間中の
年金支払総額に基づき年金積立保険料の額の取崩額を算定している保険
契約に係る被保険者が死亡した場合には、その死亡の日の属する事業年
度において、その日が当該保険契約に係る保証期間経過後であるときは、

当該保険契約に係る年金積立保険料の額の取崩残額の全額を、また、その日が保証期間中であるときは、当該保険契約に係る年金積立保険料の額に、既に支払を受けた契約年金の額及び増加年金の額の合計額が保証期間中の年金総額に占める割合から同合計額が余命年数の期間中の年金支払総額に占める割合を控除した割合を乗じた額に相当する額の年金積立保険料の額を、それぞれ取り崩して損金の額に算入することができる。

(4)　年金受取人が当該法人である保険契約に基づいて買増年金（年金支払開始日後の契約者配当により買い増した年金をいう。以下同じ。）の支払を受ける場合（年金の一時支払を受ける場合を除く。）当該買増年金の支払を受ける日の属する事業年度において、当該保険契約に基づいて支払を受ける一年分の買増年金ごとに次の算式により求められる額に相当する額（当該支払を受ける買増年金が分割払の場合にあっては、当該金額を分割回数によりあん分した額）の買増年金積立保険料の額を取り崩して損金の額に算入する。

　なお、当該保険契約が保証期間付終身年金で、保証期間及び被保険者の余命年数の期間のいずれをも経過した後においては、当該保険契約に係る買増年金積立保険料の額の全額を取り崩して損金の額に算入する。

〔算式〕

買増年金の受取に伴い取り崩すべき「買増年金積立保険料」の額(年金) ＝ 前年分の買増年金の受取の時においてこの算式により算定される取崩額(年額)

＋ 新たに一時払保険料に充当した契約者配当の額 ／ 新たに一時払保険料に充当した後の年金の支払回数

(注)1　算式の「新たに一時払保険料に充当した後の年金の支払回数」については、次に掲げる場合に応じ、それぞれ次に掲げる年金の支払回数（年一回払の場合の支払回数をいう。）による。

(1)　当該保険契約が確定年金である場合及び当該保険契約が保証期間付終身年金であり、かつ、被保険者が既に死亡している場合　当該保険契約に係る保証期間中の年金の支払回数から新たに買増年金の買増しをする時までに経過した年金の支払回数を控除した回数

(2)　当該保険契約が保証期間付終身年金であり、かつ、被保険者が生存している場合　当該保険契約に係る保証期間と当該被保険者の余命年数の期間とのいずれか長い期間中の年金の支払回数から新たに

　　　買増年金の買増しをする時までに経過した年金の支払回数を控除した回数

　　2　保険契約が保証期間付終身年金に係る買増年金積立保険料の取崩しにつき、被保険者の余命年数の期間の年金支払回数に基づき算定される額を取り崩すべきであるものに係る被保険者が死亡した場合の取崩額の調整については、上記(3)のなお書を準用する。

(5)　年金受取人が当該法人である保険契約に基づいて年金の一時支払を受ける場合　当該保険契約が年金の一時支払のときに消滅するものか否かに応じ、それぞれ次に掲げるところによる。

　イ　当該保険契約が年金の一時支払のときに消滅するもの　年金の一時支払を受ける日の属する事業年度において、当該保険契約に係る年金積立保険料の額の取崩残額及び買増年金積立保険料の額（既に取り崩した額を除く。）の全額を取り崩して損金の額に算入する。

　ロ　当該保険契約が年金の一時支払のときには消滅しないもの　年金の一時支払を受ける日の属する事業年度において、当該保険契約に係る年金積立保険料の額及び買増年金積立保険料の額につき保証期間の残余期間を通じて年金の支払を受けることとした場合に取り崩すこととなる額に相当する額を取り崩して損金の額に算入し、その余の残額については、保証期間経過後の年金の支払を受ける日の属する事業年度において、上記(3)及び(4)に基づき算定される額に相当する額の年金積立保険料の額及び買増年金積立保険料の額を取り崩して損金の額に算入する。

　　なお、年金の一時支払を受けた後に被保険者が死亡した場合には、その死亡の日の属する事業年度において、当該保険契約に係る年金積立保険料の額の取崩残額及び買増年金積立保険料の額（既に取り崩した額を除く。）の全額を取り崩して損金の額に算入する。

(6)　保険契約を解約した場合及び保険契約者の地位を変更した場合　当該事実が生じた日の属する事業年度において、当該保険契約に基づいて資産に計上した支払保険料の額及び資産に計上した契約者配当等の額の全額を取り崩して損金の額に算入する。

　(注)　保険契約を解約したときには、解約返戻金の額及び契約者配当等の額を法人の益金の額に算入するのであるから留意する。

6　保険契約者の地位を変更した場合の役員又は使用人の課税関係

　保険契約者である法人が、年金支払開始日前において、被保険者である役員又は使用人が退職したこと等に伴い個人年金保険の保険契約者及び年金受取人の地位（保険契約の権利）を当該役員又は使用人に変更した場合には、所得税基本通達36-37に準じ、当該契約を解約した場合の解約返戻金の額に相当する額（契約者配当等の額がある場合には、当該金額を加算した額）の退職給与又は賞与の支払があったものとして取り扱う。

○　会社役員賠償責任保険の保険料の税務上の取扱いについて

課法8－2
課所4－2
平成6年1月20日

　標題のことについて、社団法人日本損害保険協会から別紙2のとおり照会があり、これに対し当庁課税部長名をもって別紙1のとおり回答したから了知されたい。
（別紙1）
　標題のことについては、貴見のとおり解して差し支えありません。
　なお、照会事項2に例示された「保険料負担の配分方法」は、経営活動等の状況からみて、その法人にとっての合理性があり、かつ、課税上の弊害も生じない場合に限り認められるものであることを、念のため申し添えます。
（別紙2）
　拝啓　時下ますますご隆昌のこととお慶び申し上げます。
　幣業界につきましては、毎々格別のご高配を賜り厚く御礼申し上げます。
　さて、損害保険各社は、3年前より大蔵省のご認可をいただき会社役員賠償責任保険を販売してまいりました。開発の当時は主に海外において事業活動を行っている企業の役員が、海外で訴訟に巻き込まれる危険を想定しておりました。特に、役員訴訟がわが国とは比較にならない程多数提起されている米国におけるリスクを考え、英文にて約款を作成いたしました。その結果、わが国においては株主代表訴訟の提起が極めて稀であったことと相まって、本保険に対する関心はあまり高くなく、事実契約数も少数に留まっておりました。
　しかしながら、平成5年の商法改正を機に、特に、株主代表訴訟で役員敗訴のケースに対するリスクを担保する保険料を会社が負担することは、商法上問題ではないかとの指摘が出てまいりました。
　そこで、損害保険各社としては、かかる商法上の問題に配慮し、契約者の自由な選択に応え得る商品を提供すべく、このたび新たな和文約款及び英文約款にもとづく会社役員賠償責任保険の認可を取得いたしました。
　この新約款では、株主代表訴訟で被保険者が損害賠償責任を負う場合は普通保険約款では免責とし、このリスクの担保を契約者が希望する場合は、

別途保険料を領収して特約条項を付すことと致しました。これにより、契約者は、普通保険約款で担保するリスクに相当する保険料と特約保険料とを明確に区分して保険会社に支払うことも可能となるなど、商法問題に配慮した契約を行うことが可能となりました。

　つきましては、この新約款による会社役員賠償責任保険の保険料の税務上の取扱いについて、下記の通り取り扱われるものと解して差し支えないかどうかご照会申し上げます。

敬　具

記

1　支払保険料の税務上の処理
　(1)　基本契約（普通保険約款部分）の保険料
　　　　基本契約に係る保険料を会社が負担した場合の当該保険料については、役員個人に対する給与課税を行う必要はないものとする。
　　　（理由）
　　①　第三者から役員に対し損害賠償請求がなされ役員が損害賠償責任を負担する場合の危険を担保する部分の保険料は、所得税基本通達36－33及び法人税基本通達9－7－16の趣旨に照らし、この部分の保険料を会社が負担した場合であっても、役員に対する経済的利益の供与はないものとして給与課税を行う必要はない。
　　②　役員勝訴の場合の争訟費用を担保する部分の保険料は、役員が適正な業務執行を行い損害賠償責任が生じない場合にその争訟費用を担保する保険料であり、この部分の保険料を会社が負担した場合であっても、役員に対する経済的利益の供与はないものとして給与課税を行う必要はない。
　(2)　株主代表訴訟担保特約の保険料（特約保険料）
　　　　この特約保険料について、契約者は商法上の問題を配慮し役員個人負担又は役員報酬から天引きとすることになると考えられるが、これを会社負担とした場合には、役員に対して経済的利益の供与があったものとして給与課税を要する。
2　保険料負担の配分方法
　(1)　特約保険料の役員間の配分について
　　　　取締役の報酬の総額及び監査役の報酬の総額は定款又は株主総会の決議により定めることになっているが、通常その配分は取締役会及び

監査役の協議に委ねられている。したがって、特約保険料の役員間の配分もまた取締役会及び監査役の協議において合理的な配分方法を定め得るものと考えるが、実務上は、次のいずれかの方法など合理的な基準により配分を行った場合には、課税上許容される。

① 役員の人数で均等に分担する方法

　役員は会社に対し連帯して責任を負うものとされていることを考慮し、役員全員において均等に負担する方法（無報酬あるいはごくわずかな役員報酬しか得ていない取締役にまで均等に負担させることが適当でないと認められる場合には、その者への配分割合を縮小もしくは配分しない方法を含む。）

② 役員報酬に比例して分担する方法

　役員と会社との関係は有償の委任及び準委任と解されており、報酬に差がある以上危険負担も同程度の差があると考えられることから、報酬額に比例して保険料を負担する方法

③ 商法上の区分別に分担する方法

　商法に定められた代表取締役、取締役、監査役ごとにそれぞれの役割に応じた額を定める方法

(2) 保険料の会社間の配分方法について

　子会社を含めた契約を契約者が希望する場合は、保険料は一括して算定されることになるが、契約に当たっては、保険会社からそれぞれの子会社ごとの保険料を内訳として示すこととしていることから、契約者においては、これに従って各社ごとの配分額を決定する。

　　　　　　　　　　　　　　　　　　　　　　　　　以　上

○　**団体信用生命保険に係る課税上の取扱いについて**

（文書回答　平成15年 2 月26日）

　標題のことについては、ご照会に係る事実関係を前提とする限り、貴見のとおりで差し支えありません。
　ただし、ご照会に係る事実関係が異なる場合又は新たな事実が生じた場合は、この回答内容と異なる課税関係が生ずることがあることを申し添えます。

（別　　紙）

団体信用生命保険に係る課税上の取扱いについて

1　事実関係
　当社は、住宅の建築請負契約又は売買契約を締結した個人が、金融機関等からの融資が実行される前に死亡等した場合に、保険金をもって報酬支払債務又は代金支払債務の残額に充てることを目的として、団体信用生命保険の付保範囲を拡大することとしました。その内容はおおむね次のとおりです。
(1)　契約者及び保険金受取人
　　住宅建築会社、住宅販売会社又は報酬支払債務若しくは代金支払債務に係る保証の委託を受けた保証会社。
(2)　被保険者
　　同一の住宅建築会社若しくは住宅販売会社に対して報酬支払債務若しくは代金支払債務を負う債務者又は同一の保証会社に対して債務保証を委託した債務者のうち、金融機関等からの融資を受けることとしている者の全部又は一部の集団で、契約者と保険会社との協議をもって定めるもの（顧客）。
(3)　保険金
　　被保険者の保険事故発生時における報酬支払債務又は代金支払債務の残額相当額。ただし、保険金額は金融機関等の融資額の範囲内とする。
(4)　保険事故
　　被保険者の死亡及び一定程度以上の高度障害。

(5) 被保険期間

　建築請負契約に係る工事着工日（着工日以前に金融機関等の融資が決定していた場合はその決定日を着工日とみなすことができる。）から建築請負契約終了日（金融機関等の最終融資が報酬支払債務の残額に充当されることにより債務が消滅する日をいう。）まで又は売買契約締結日から売買契約終了日（金融機関等の最終融資が代金支払債務の残額に充当されることにより債務が消滅する日をいう。）まで。ただし、保険期間は１年未満とする。

(6) 保険料

　保険料は、保険金額（報酬支払債務又は代金支払債務の残額相当額）に応じて年１回改算し、月払いとする。なお、料率は被保険者の年齢に応じて逓増する。

(7) 返戻金

　保険契約の解除、解約、被保険者の脱退等による返戻金はない。

(8) 配当金

　年１回契約応答日において有効な契約に対し、配当金を現金又は保険料相殺により支払う。

(9) 債務免除特約

　以上に基づき、保険金受取人たる住宅建築会社、住宅販売会社又は保証会社は、被保険者たる顧客との間に、保険金の受領を停止条件として、報酬支払債務又は代金支払債務を免除する旨の特約を結ぶ。

(参考) 住宅の工事代金又は売買代金を融資する金融機関等は、通常、融資に係る債権額に相当する金額を保険金額とする団体信用生命保険を付保し、注文者又は買主が融資期間中に死亡等した場合は遺族等が債務負担を免れるようにしています。

　しかしながら、稀に、建築請負契約又は売買契約を締結した後、金融機関等の融資が実行されるまでの間に注文者又は買主の死亡等が発生し、融資が実行されないことがあり、この場合には、遺族等において残金の支払が困難となり、あるいは違約金を支払って契約の解除を行うことになります。

　そこで、このようなデメリットの発生を防止するため、上記のとおり付保範囲を拡大するものです。

2　照会の趣旨

　上記の団体信用生命保険に係る課税上の取扱いは下記のとおりでよろしいか、ご照会申し上げます。

記

(1)　保険料

　　契約者たる住宅建築会社、住宅販売会社又は保証会社が保険会社に払い込む保険料は、いわゆる販売費用の性格を有するものと認められ、かつ、返戻金のない掛捨てであることから、単純な期間費用として損金算入が認められる。

　　また、契約上被保険者たる顧客が負担することとしている保険料を住宅建築会社又は住宅販売会社が負担することとしている場合においても、実質的には請負金額又は売買金額に変形して回収しているということもできるので、寄附金又は交際費に該当せず、同様に損金算入が認められる。

(2)　保険金等

　　住宅建築会社又は住宅販売会社が保険会社から受け取る保険金又は保証会社から受け取る保証金は、建築請負契約又は売買契約に係る収入金額となる。また、保証会社が保険会社から受け取る保険金及び住宅建築会社又は住宅販売会社に支払う保証金は、保証契約に係る収入金額及び支出金額となる。したがって、顧客に対する債務免除について、寄附金等の問題は生じない。

(3)　債務免除益等

　　保険事故が死亡であった場合の報酬支払債務又は代金支払債務の免除に関しては、相続税の課税上は相続人によって承継される債務がないものとし、被保険者である顧客及びその相続人について所得税の課税関係は生じない。

　　また、保険事故が高度障害であった場合の報酬支払債務又は代金支払債務の免除に関しては、その利益が身体の傷害に起因して受けるものであるので、所得税の課税関係は生じない。

　　なお、消費税に関しては、当該団体信用生命保険の付保の有無にかかわらず、住宅建築会社又は住宅販売会社は、建物の引渡し又は所有権移転登記の申請日等において住宅の建築又は販売に係る課税売上げを計上

することとなり、顧客に対する債務免除については売上げの対価の返還
等又は売掛債権の貸倒れ控除のいずれにも該当しない。

○　団体信用生命保険がん診断給付金特約に係る課税上の取扱いについて

（文書回答　平成16年12月17日）

　標題のことについては、ご照会に係る事実関係を前提とする限り、貴見のとおりで差し支えありません。

　ただし、次のことを申し添えます。

(1)　ご照会に係る事実関係が異なる場合又は新たな事実が生じた場合は、この回答内容と異なる課税関係が生ずることがあります。

(2)　この回答内容は、東京国税局としての見解であり、事前照会者の申告内容等を拘束するものではありません。

（別　紙）

団体信用生命保険がん診断給付金特約に係る課税上の取扱いについて

1　事実関係

　団体信用生命保険（以下「主契約」という。）は、債権者である信用供与機関が債務者の死亡又は高度障害に際して支払われる保険金をもってその債務者に対する賦払債権の回収を行うのに対して、団体信用生命保険がん診断給付金特約（以下「特約」という。）は、債務者が特定の「がん」（上皮内がん、皮膚がんを除く。）と初めて診断されたときに支払われる給付金をもって賦払債権の回収を行うものであり、その内容は、おおむね次のとおりです。

(1)　契約者及び給付金受取人

　主契約の契約者及び給付金受取人（賦払償還によって債務の弁済を受ける信用供与機関又は信用保証機関である銀行、不動産会社、信販会社など（以下「金融機関等」という。））

(2)　被保険者

　主契約の被保険者（同一の信用供与機関に対して賦払償還債務を負う債務者の全部又は一部の集団で、契約者たる金融機関等と保険会社との協議をもって定めるもの）

(3)　給付金

　被保険者の保険事故発生時における賦払償還債務残額の一定割合

（10%〜100%）

　なお、割合については、契約締結時に契約者が設定する。

(4)　保険事故

　被保険者が特定の「がん」と初めて診断されたときの1回限りの支払

　なお、対象となる「がん」（悪性新生物）は、昭和53年12月15日行政管理庁告示第73号に基づく厚生大臣官房統計情報部編「疾病、傷害および死因統計分類提要」（昭和54年版）に記載された分類項目中、次表の基本分類表番号に規定される内容のものである。

分　類　項　目	基本分類表番号
口唇、口腔および咽頭の悪性新生物	140〜149
消化器および腹膜の悪性新生物	150〜159
呼吸器および胸腔内臓器の悪性新生物	160〜165
（170〜175）のうち	
・骨および関節軟骨の悪性新生物	170
・結合組織およびその他軟部組織の悪性新生物	171
・皮膚の悪性黒色腫	172
・女性乳房の悪性新生物	174
・男性乳房の悪性新生物	175
泌尿生殖器の悪性新生物	179〜189
その他および部位不明の悪性新生物	190〜199
リンパ組織および造血組織の悪性新生物	200〜208

(5)　被保険期間

　主契約の被保険期間（賦払期間）と同じ。ただし、被保険者の一部に一定年齢（75歳等）に達した者が生じた場合又は被保険者の一部が脱退した場合には、それらの部分についてはその一定年齢に達した時又は脱退した時までとし、解約があった場合には解約の時をもって終了する。

　なお、給付金額が賦払償還債務残債の100%未満の場合には、引き続き主契約は継続する。

(6)　特約保険料

　主契約の保険料と同時に払い込むものとし、給付金額（賦払償還債務残額の一定割合）に応じて年1回改算し、月払いとする。

　　なお、料率は、被保険者の年齢に応じて逓増する。

(7)　返戻金

　　主契約と同じ（保険契約の解除、解約、被保険者の脱退等による返戻金はない。）。

(8)　契約者配当金

　　年1回契約応当日において有効な契約に対し、契約者配当金を支払う。

2　照会の趣旨

　　上記の団体信用生命保険がん診断給付金特約に係る課税上の取扱いは、下記のとおりでよろしいか、ご照会申し上げます。

記

(1)　保険料の損金算入

　　契約者たる金融機関等が保険会社に払い込む特約の保険料は、主契約の保険料と同時に払い込むものであり、主契約の保険料と同様に、いわゆる債権の保全費用又は販売費用（顧客の借入れについて保証する場合）の性格を有するものと認められ、かつ、返戻金のないいわゆる掛捨てであることから、単純な期間費用として損金算入が認められる。

(2)　給付金を受け取った場合の金融機関等の処理

　　債権者たる金融機関等が給付金受取人となっていることは、主契約と同様に、実質的には債務者たる顧客が受取人になっている給付金請求権上に質権を設定し、これに基づいて本来の債務の弁済を受けるものと解することもできるし、あるいは保険会社から契約に基づいて代位弁済を受けるものと解することもできることから、この場合の顧客に対する債務免除については、貸倒れの判定は要しない。

　　したがって、債権者たる金融機関等が受け取った給付金は、益金とする必要はなく、ただ単に入金処理をすることとなる。

(3)　保険事故が発生した場合の顧客の課税関係

　　本特約は、保険事故が発生した場合、すなわち、特定の「がん」と初めて診断された場合に、保険会社から金融機関等にがん診断給付金が支払われ、同給付金をもって顧客の債務が返済されることに伴い、

顧客には債務免除益が発生することになるものの、①同給付金をもって顧客の債務が弁済されることは、実質的には顧客が受取人になっている給付金請求権上に金融機関等が質権を設定し、これに基づいて本来の債務が弁済されたものと解することができること、また、②がん診断給付金は、所得税基本通達９−21により所得税法施行令第30条第１号に掲げる「身体の傷害に基因して支払われるもの」に該当するものと考えられることから、所得税の課税関係は生じない。

（以上）

○　住宅瑕疵担保責任保険の保険料等に係る税務上の取扱い

（質疑応答事例　平成22年4月28日）

【照会要旨】

　新築住宅の発注者及び買主を保護するため「特定住宅瑕疵担保責任の履行の確保等に関する法律」が平成21年10月1日から施行され、施行後において新築住宅の引渡しをする建設業者又は宅地建物取引業者（以下「建設業者等」といいます。）は、資力確保措置（住宅瑕疵担保責任保険への加入又は保証金の供託）が義務付けられました。

　この度、A建設業者は、資力確保措置として住宅瑕疵担保責任保険に加入することとしましたので、保険法人に検査手数料と保険料を支払うこととなりますが、この検査手数料と保険料に係る法人税及び消費税の取扱いについて、それぞれ次のとおり照会いたします。

1　検査手数料は、法人税法上、構造雨水検査を完了した日を含むA建設業者の事業年度において損金の額に算入することとなると解して差し支えありませんか。また、消費税法上、構造雨水検査を完了した日を含むA建設業者の課税期間における課税仕入れとなると解して差し支えありませんか。

> ［検査手数料とは］
>
> 　住宅瑕疵担保責任保険を引き受ける保険法人は、対象となる新築住宅に係る契約の開始前に必要な検査（以下「構造雨水検査」といいます。）を行うことが要件とされています。ここにいう検査手数料とは、建設業者等が支払う構造雨水検査を行うことに対する対価をいいます（最低4,000円程度から床面積等に応じて金額が定められています。なお、共同住宅の場合は1棟単位で検査が実施されています。）。

2　保険料（以下「本件保険料」といいます。）は、保険期間（10年間）に係るものを一括して支払うものであり、法人税法上、保険期間の経過に応じて損金の額に算入することとなると考えられますが、継続適用を前提とすれば、その全額（10年分）を保険期間の開始日を含むA建設業者の事業年度において損金の額に算入することができると解して差し支えありませんか。また、消費税法上、保険料は非課税である

ことから、A建設業者の課税仕入れに該当しないと解して差し支えありませんか。

> ［本件保険料とは］
>
> 　住宅瑕疵担保責任保険の保険期間は10年間であり、建設業者等が新築住宅を引き渡した日から保険期間が開始することとなります。ここにいう本件保険料とは、建設業者等が支払うこの保険期間に係る保証の対価をいいます（3万円から20万円までの範囲で1戸ごとの床面積等に応じて定められています。）。ただし、住宅瑕疵担保責任保険契約は、国土交通大臣の承認を受けた場合を除き中途解約ができませんので、保険期間開始後は本件保険料が返戻されることはありません。

【回答要旨】

　照会事項に係る事実関係を前提とする限り、貴見のとおり解して差し支えありません。

（理由）

1　検査手数料の取扱い

　(1)　法人税について

　　　検査手数料は、住宅瑕疵担保責任保険に係る保険契約を締結するに当たり必要な費用ではあるものの、本件保険料とは明確に区分された構造雨水検査という役務提供の対価と認められますから、構造雨水検査を完了した日を含むA建設業者の事業年度において損金の額に算入することが相当です。

　(2)　消費税について

　　　省　略

2　本件保険料の取扱い

　(1)　法人税について

　　イ　本件保険料は、次に掲げる点からすれば、新築住宅の売上に対応した売上原価に該当するのではないかとの疑問が生ずるところです。

　　　①　新築住宅の発注者等への引渡しに先んじて支払うものであり、結果として新築住宅の代金として発注者等に転嫁され、発注者等も新築住宅の代金に本件保険料が含まれていることを承知し

ていること。
　②　新築住宅に瑕疵が判明した場合には、結果的に発注者等がその所有する物件について修復等のサービスが受けられること。
ロ　この点、本件保険料は、将来において新築住宅に瑕疵が判明した場合に、Ａ建設業者において必要となる修復や損害賠償などに必要な費用を保険金によってカバーするために支払うものであり、Ａ建設業者が営む事業において将来に生ずる可能性のあるリスクに備えるためのものと認められますので、原則として、火災や事故が生じた場合に備える損害保険に係る保険料と同様に販売費や一般管理費等としてその保険期間の経過に応じて損金の額に算入すべきもの（前払費用）と解されます。
ハ　ただし、本件保険料については、次に掲げる点を踏まえれば、Ａ建設業者がその全額（10年分）を継続して保険期間の開始日を含む事業年度において損金の額に算入している場合には、この処理を認めることとして差し支えありません。
　①　個々の保険契約に係る本件保険料の支払は、10年間という保険期間に対応する一括支払であるにもかかわらず、３万円以上20万円未満（１年当たりに換算すれば３千円以上２万円未満）と新築住宅の代金に比して非常に少額な保険料であること。
　　（注）　原則どおり、本件保険料を保険期間に応じて損金算入するならば、例えば３月決算である建設業者等が10月に新築住宅を発注者等に引き渡し、この新築住宅に対する本件保険料３万円を支払っている場合、その引渡しの日の属する事業年度においては、３万円を10年で除し、これに12分の6を乗じた1,500円を損金の額に算入することとなります。
　②　建設業者等においては、発注者等に引き渡す新築住宅（共同住宅にあっては１戸）ごとに契約を締結するため膨大な数の保険契約を締結することになること。
　③　建設業者等においては、毎期おおむね一定数量の新築住宅の引渡しを行い、その引渡しごとに本件保険料の支払が生ずるところ、このような本件保険料について、その引渡しの日（保険期間の開始日）に損金算入する経理処理を行ったとしても、その計算が継続する限り毎期の所得計算がそれ程ゆがめられると

はいえないこと（むしろ、重要性の原則に則った円滑な経理処
理が可能となること。）。
④　さらに、上記ロのとおり、原則として前払費用に該当するも
のと解されますが、上記イのとおり、売上原価に類似する性格
を併せて有する費用とも考えられること。
(2)　消費税について
　　省　略

《参考》
○　住宅瑕疵担保責任保険制度とは
　住宅瑕疵担保履行法の施行により導入された住宅瑕疵担保責任保険とは、
新築住宅の建設業者等が国土交通大臣の指定する住宅瑕疵担保責任保険法
人（保険法人）との間で保険契約を締結し、その新築住宅に保険契約の対
象となる瑕疵が判明した場合において、建設業者等がその補修などにより
瑕疵担保責任（特定住宅瑕疵担保責任）を履行したときに、その履行によ
って生じた建設業者等の損害が保険金により補てんされる制度です。

○　**新たな会社役員賠償責任保険の保険料の税務上の取扱いについて（情報）**

個人課税課情報　第2号

法人課税課情報　第1号

平成28年2月24日

　標題のことについて、経済産業省から照会があり、これに対して次のとおり回答しましたので、今後の執務の参考とされたい。

（照会要旨）
1　会社法の解釈の明確化
　(1)　従前の取扱い
　　　会社役員賠償責任保険は、会社法（商法）上の問題に配慮し、従前、普通保険約款等において、株主代表訴訟で役員が敗訴して損害賠償責任を負担する場合の危険を担保する部分（以下「株主代表訴訟敗訴時担保部分」といいます。）を免責する旨の条項を設けた上で、別途、当該部分を保険対象に含める旨の特約（以下「株主代表訴訟担保特約」といいます。）を付帯する形態で販売されてきました。
　　　また、株主代表訴訟担保特約の保険料についても、会社法（商法）上の問題に配慮し、これを会社が負担した場合には、会社から役員に対して経済的利益の供与があったものとして給与課税の対象とされていました（別添「会社役員賠償責任保険の保険料の税務上の取扱いについて」参照。）。
　(2)　会社法の解釈の明確化
　　　このような状況の中、コーポレート・ガバナンス・システムの在り方に関する研究会（経済産業省の研究会）が取りまとめた報告書「コーポレート・ガバナンスの実践〜企業価値向上に向けたインセンティブと改革〜」（平成27年7月24日公表）においては、会社が利益相反の問題を解消するための次の手続を行えば、会社が株主代表訴訟敗訴時担保部分に係る保険料を会社法上適法に負担することができるとの解釈が示されました（当該報告書の別紙3「法的論点に関する解釈指針」11〜12頁参照）。
　　①　取締役会の承認

②　社外取締役が過半数の構成員である任意の委員会の同意又は社外取締役全員の同意の取得

2　新たな会社役員賠償責任保険の保険料の税務上の取扱い

　　今般の会社法の解釈の明確化を踏まえると、会社が株主代表訴訟敗訴時担保部分に係る保険料を会社法上適法に負担することができる場合には、株主代表訴訟敗訴時担保部分を特約として区分する必要がなくなることから、普通保険約款等において株主代表訴訟敗訴時担保部分を免責する旨の条項を設けない新たな会社役員賠償責任保険の販売が想定されます。

　　以上を踏まえると、今後の会社役員賠償責任保険の保険料の税務上の取扱いはどのようになりますか。

（注）　損害保険会社各社において、普通保険約款等の変更に時間を要する等の事情があることも考慮し、普通保険約款等を変更するまでの暫定的な取扱いとして、普通保険約款等において設けられている株主代表訴訟敗訴時担保部分を免責する旨の条項を適用除外とし、普通保険約款等の保険料と株主代表訴訟敗訴時担保部分の保険料が一体と見なされる旨の特約を追加で付帯したものについても新たな会社役員賠償責任保険に含まれるものと考えます。

（回答）

○　照会内容を前提にすれば、今後の会社役員賠償責任保険の保険料の税務上の取扱いについては、以下のとおりに取り扱われるものと考えます。

①　新たな会社役員賠償責任保険の保険料を会社が上記1(2)①及び②の手続きを行うことにより会社法上適法に負担した場合には、役員に対する経済的利益の供与はないと考えられることから、役員個人に対する給与課税を行う必要はありません。

②　上記①以外の会社役員賠償責任保険の保険料を会社が負担した場合には、従前の取扱いのとおり、役員に対する経済的利益の供与があったと考えられることから、役員個人に対する給与課税を行う必要があります。

（参考）

経済産業省

平成28年2月24日

会社役員賠償責任保険の保険料に関する
税務上の取扱いが公表されました

> 経済産業省は、会社役員賠償責任保険（D&O保険）の保険料に関する課税関係について国税庁に照会し、別添のとおり回答を受けました。

1．会社法の解釈の明確化

　経済産業省は、昨年7月24日にコーポレート・ガバナンス・システムの在り方に関する研究会が取りまとめた報告書「コーポレート・ガバナンスの実践 ～企業価値向上に向けたインセンティブと改革～」（以下「研究会報告書」といいます。）において、取締役会の承認及び社外取締役を活用した一定の手続の下、会社が会社役員賠償責任保険（株主代表訴訟敗訴時担保部分）の保険料全額を負担してもよいことを明らかにしました。

2．国税庁の回答の概要

　今般の研究会報告書における会社法の解釈の明確化を踏まえ、会社が、取締役会の承認及び社外取締役を活用した一定の手続を経ることにより、当該保険料を会社法上適法に負担した場合には、役員に対する経済的利益の供与はなく、役員個人に対する給与課税を行う必要はないものとして取り扱われる旨が公表されました。

3．適用対象

　上記の取扱いの対象となる会社役員賠償責任保険については、普通保険約款等において株主代表訴訟敗訴時担保部分を免責する旨の条項を設けていないものが想定されます。もっとも、損害保険会社各社において、普通保険約款等の変更に時間を要する等の事情があることも考慮し、普通保険約款等を変更するまでの暫定的な取扱いとして、一定の特約を追加で付帯したものについても対象に含まれるものと考えられます。

○　定期保険及び第三分野保険に係る保険料の取扱いに関するFAQ

（令和元年7月8日）

　定期保険及び第三分野保険に係る保険料の取扱いについては、令和元年6月28日付課法2－13他2課共同「法人税基本通達等の一部改正について」（法令解釈通達）が発遣され、取扱通達（法基通9－3－4等）の改正とともに、個別通達の廃止が行われており、令和元年7月8日以後の契約に係る定期保険又は第三分野保険の保険料については改正後の取扱いが適用されます（解約返戻金相当額のない短期払の定期保険又は第三分野保険の保険料については、令和元年10月8日以後の契約に係るものについて、改正後の取扱いが適用されます。）。

　このFAQは、改正後の通達に関して寄せられた主な質問に対する回答を取りまとめたものです。

　（注）1　このFAQは、令和元年6月28日現在の法令・通達に基づいて作成しています。

　　　　　なお、「法人税基本通達」のほか、「連結納税基本通達」についても同様の改正が行われています（連基通8－3－4から8－3－9まで）。

　　　2　このFAQにおいて使用している次の省略用語は、それぞれ次に掲げる通達を示します。

　　　　法基通：法人税基本通達、連基通：連結納税基本通達

【適用時期】

[Q1]　改正通達の適用時期はどのようになりますか。

[A]

　　改正後の法基通及び連基通の取扱い（解約返戻金相当額のない短期払の定期保険又は第三分野保険を除きます。）は、令和元年7月8日以後の契約に係る定期保険又は第三分野保険の保険料について適用されますので、同日前の契約に遡って改正後の取扱いが適用されることはありません。

　　また、法基通9－3－5の（注）2及び連基通8－3－5の（注）2に定める解約返戻金相当額のない短期払の定期保険又は第三分野保険の保険料については、令和元年10月8日以後の契約に係るものについて、改正後の取扱いが適用されますので、同日前の契約に遡って改正後の取扱いが適用されることはありません。

　　なお、上記のそれぞれの日前の契約に係る定期保険又は第三分野保険の保険料については、引き続き、改正前の法基通若しくは連基通又は廃止前の各個別通達の取扱いの例によることとなります。

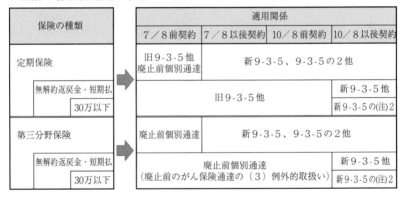

保険の種類		適用関係			
		7／8前契約	7／8以後契約	10／8前契約	10／8以後契約
定期保険		旧9-3-5他 廃止前個別通達	新9-3-5、9-3-5の2他		
	無解約返戻金・短期払 30万以下		旧9-3-5他		新9-3-5他 新9-3-5の(注)2
第三分野保険		廃止前個別通達	新9-3-5、9-3-5の2他		
	無解約返戻金・短期払 30万以下		廃止前個別通達 （廃止前のがん保険通達の（3）例外的取扱い）		新9-3-5他 新9-3-5の(注)2

【当期分支払保険料の額】

[Q2]　法基通9－3－5の2では、「当期分支払保険料の額」について、一定額を資産に計上し、あるいは損金の額に算入するとされていますが、この「当期分支払保険料の額」はどのように計算するのですか。

　　また、保険料を年払としている場合には、法基通2－2－14《短期の前払費用》により損金算入した金額を当期分支払保険料の額とすること

は認められますか。

［Ａ］

　「当期分支払保険料の額」とは、その支払った保険料の額のうち当該
事業年度に対応する部分の金額をいいます（法基通９－３－５の２（注）
１のロ）。したがって、例えば、いわゆる前納制度を利用して前納金を
支払った場合や保険料を短期払した場合など、一定期間分の保険料の額
の前払をしたときには、その全額を資産に計上し、資産に計上した金額
のうち当該事業年度に対応する部分の金額が、当期分支払保険料の額と
して法基通９－３－５の２の本文の取扱いによることとなります（法基
通９－３－５の２（注）４）。

　また、法基通２－２－14により、支払日から１年以内に提供を受ける
役務に係るものを支払った場合（例えば、保険料を年払としている場
合）において、その支払額に相当する金額を継続して支払日の属する事
業年度の損金の額に算入しているときは、その金額を当期分支払保険料
の額とすることは認められます。

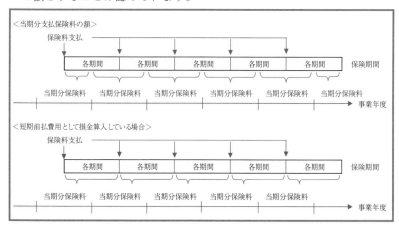

【資産計上期間と取崩期間】

［Ｑ３］　法基通９－３－５の２の表のうち、最高解約返戻率が85％超の
　　区分となる場合の資産計上期間の欄や取崩期間の欄にある「期間」とは、
　　どのような意味ですか。

［Ａ］

　法基通9－3－5の2では、保険期間を基に資産計上期間及び取崩期間を設定し、各事業年度に資産計上期間又は取崩期間があるか否かにより、当期分支払保険料の額の取扱いを定めています。

　ここで、「保険期間」とは、保険契約に定められている契約日から満了日までの期間をいい、当該保険期間の開始の日（契約日）以後1年ごとに区分した各期間で構成されているものとしています（法基通9－3－5の2（注）1のニ）。したがって、最高解約返戻率が85%超の区分となる場合における資産計上期間の欄や取崩期間の欄にある「期間」とは、保険期間の開始の日（契約日）以後1年ごとに区分した各期間のうちの特定の期間（例えば、「最高解約返戻率となる期間」や「解約返戻金相当額が最も高い金額となる期間」など）のことをいい、当該法人の各事業年度とは異なります。

【（最高）解約返戻率と解約返戻金相当額】

［Q4］　（最高）解約返戻率の計算や、最高解約返戻率が85%超の区分となる場合の資産計上期間の判定に用いる「解約返戻金相当額」は、どのように把握するのですか。また、解約返戻率に端数が生じた場合はどうするのですか。

［A］

　保険期間中の各期間における解約返戻金相当額は、契約時に保険会社から各期間の解約返戻金相当額として保険契約者に示された金額（「○年目の解約返戻金△△円」などと示された金額）によることとなります。

　なお、この金額は、各保険商品の標準例としてパンフレット等に記載された金額ではなく、保険設計書等に記載される個々の契約内容に応じて設定される金額となります。

　また、解約返戻率は、解約返戻金相当額について、それを受けることとなるまでの間に支払うこととなる保険料の額の合計額で除した割合としていますので（法基通9－3－5の2（注）1のイ）、これに端数が生じた場合、原則として、端数の切捨て等を行わずに最高解約返戻率を計算することとなりますが、現状、各保険会社は小数点1位までの数値により解約返戻率を通知しているという実務や経理事務の簡便性を考慮し、小数点2位以下の端数を切り捨てて計算した解約返戻率が保険設計書等に記載されている場合には、その解約返戻率を用いて最高解約返戻率の

区分を判定しても差し支えありません。

［Q5］ いわゆる前納制度を利用して前納金を支払った場合や、保険料を
短期払込とした場合、（最高）解約返戻率はどのように計算するのです
か。
［A］
　いわゆる前納制度を利用して前納金を支払った場合には、各期間の保
険料として充当されることとなる部分の額の合計額を分母とし、その合
計額に係る解約返戻金相当額を分子として（最高）解約返戻率を計算す
ることとなります。
　一方で、保険料を短期払込とした場合には、各期間までに実際に支払
うこととなる短期払込の保険料の額の合計額を分母とし、その合計額に
係る解約返戻金相当額を分子として（最高）解約返戻率を計算すること
となります。
　また、最高解約返戻率が85％超の区分となる場合の資産計上期間の判
定における解約返戻金相当額についても同様に計算することになります。
　なお、契約者には、上記のことを踏まえた解約返戻金相当額が保険会
社から示されるものと考えられます。

［Q6］ 特約に係る保険料や特別保険料を支払った場合、（最高）解約返
戻率はどのように計算するのですか。
［A］
　保険給付のない特約に係る保険料（例えば、保険料払込免除特約等）
や特別保険料は、主契約に係る保険料に含め、また、当該特約保険料や
特別保険料を含めたところで計算される解約返戻金相当額により、（最
高）解約返戻率を計算することとなります。
　なお、保険給付のある特約に係る保険料は、主契約に係る保険料とは
区分して取り扱われることとなります（法基通9－3－6の2）（［Q
18］参照）。

［Q7］ 契約者配当の額や、いわゆる「生存給付金」、「無事故給付金」は、
解約返戻金相当額に含まれますか。

［A］

　　契約者配当の額は、一般に、利差益、死差益及び費差益から成り、将来の払戻しを約束しているものではないため、解約返戻金相当額には含まれません。したがって、契約時の参考指標として、過去の契約者配当の実績を踏まえた予想配当額が示されている場合でも、解約返戻金相当額に含める必要はありません。ただし、契約時に、契約者配当が確実に見込まれているような場合は、この限りではありません。

　　次に、いわゆる「生存給付金」や「無事故給付金」は、契約者に将来の払戻しを約束しているものですので、解約返戻金相当額に含まれます。したがって、契約時に、保険会社が各期間の「解約返戻金」として示す金額と「生存給付金」や「無事故給付金」とを区分して表示している場合には、これらの金額を合計した金額が解約返戻金相当額となります。

［Q8］　いわゆる「変額保険」、「積立利率変動型保険」、「外貨建て保険」及び「健康増進型保険」のように、将来の解約返戻金相当額が確定していない場合、解約返戻金相当額はどのように把握するのですか。

［A］

　　いわゆる「変額保険」や「積立利率変動型保険」については、契約時に示される予定利率を用いて計算した解約返戻金相当額を用いて差し支えありません。また、「外貨建て保険」については、契約時の為替レートを用いて計算した解約返戻金相当額を用いて差し支えありません。

　　なお、いわゆる「健康増進型保険」については、保険商品ごとにその契約内容が異なりますので、その取扱いは個別に判断する必要がありますが、将来の達成が不確実な事由（例えば、毎日１万歩歩くなど）によって、キャッシュバックが生じたり支払保険料等が変動するような商品については、そのキャッシュバックが生じないあるいは支払保険料等の変動がないものとして、契約時に示される解約返戻金相当額とこれに係る保険料によって（最高）解約返戻率を計算して差し支えありません。

　　また、これらの事由が契約後に確定した場合には、契約内容の変更（［Q11］参照）には該当しないものとして差し支えありません。

【年換算保険料相当額が30万円以下の場合】

［Q9］　年換算保険料相当額が30万円以下か否かは、どのように判定するのですか。

［A］
　年換算保険料相当額が30万円以下か否かは、保険会社やそれぞれの保険契約への加入時期の違いにかかわらず、一の者（例えば、代表取締役：甲）を被保険者として、その法人が加入している全ての定期保険等に係る年換算保険料相当額の合計額で判定することとなりますが、その判定に際しては、特に次の点に留意する必要があります。
①　合計額に含めるのは、保険期間が3年以上の定期保険又は第三分野保険で最高解約返戻率が50%超70%以下のものに係る年換算保険料相当額となります。

　　なお、役員又は部課長その他特定の使用人（これらの者の親族を含みます。）のみを被保険者としている場合で、その保険料の額が当該役員又は使用人に対する給与となるものは、判定に含める必要はありません。

②　事業年度の途中で上記①の定期保険等の追加加入又は解約等をした場合の取扱いは次のとおりです。

　　最初に加入した定期保険等に係る年換算保険料相当額が30万円以下で、当期に追加加入した定期保険等に係る年換算保険料相当額を合計した金額が30万円超となる場合には、最初に加入した定期保険等に係る当期分支払保険料の額のうちその追加加入以後の期間に対応する部分の金額については、法基通9－3－5の2の取扱いによることとなります（経理事務が煩雑となるため、追加加入した日を含む事業年度に係る当期分支払保険料の額の全額について同通達の取扱いによることとしている場合には、それでも差し支えありません。）。

　　反対に、2つの定期保険等に加入している場合で、事業年度の途中に一方の定期保険等を解約等したことにより、年換算保険料相当額の合計額が30万円以下となるときには、他の定期保険等に係る当期分支払保険料の額のうちその解約等以後の期間に対応する部分の金額については、法基通9－3－5の2の取扱いの適用はありません（経理事務が煩雑となるため、解約等した日を含む事業年度に係る当期分支払保険料の額の全額について同通達の取扱いによらないこととしている場合には、それでも差し支えありません。）。この場合、既往の資産計上額の累積額については、保険期間の100分の75相当期間経過後から、保険期間の終了の日までの取崩期間の経過に応じて取り崩すこととな

ります。

③ 改正通達の適用日前に契約した定期保険等に係る年換算保険料相当額は判定に含める必要はありません。

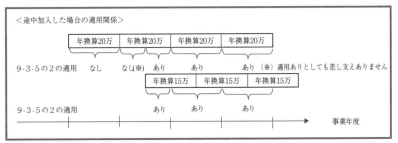

【最高解約返戻率が85%超となる場合の資産計上期間】

[Q10] 最高解約返戻率が85%超の区分となる場合の資産計上期間は、どのように判定するのですか。特に、法基通9－3－5の2の表中の資産計上期間の欄の（注）は、どのような場面で適用されるのですか。

[A]

最高解約返戻率が85%超の区分となる場合の資産計上期間は、原則として、保険期間の開始日から、最高解約返戻率となる期間の終了の日までとなります。ただし、最高解約返戻率となる期間経過後の期間においても、その支払保険料の中に相当多額の前払部分の保険料が含まれている場合（解約返戻金相当額の対前年増加額を年換算保険料相当額で除した割合が7割を超える場合）には、7割を超える期間の終了の日まで資産計上期間が延長されることとなります。

なお、この増加割合が7割を超える期間が複数ある場合には、その最も遅い期間の終了の日までが資産計上期間となります（法基通9－3－5の2（注）3）。

また、最高解約返戻率となる期間が極めて早期に到来し、その後、解約返戻率が急減するような商品については、資産計上期間を最低でも5年間とする必要があります。ただし、そのような商品であっても、保険期間が10年未満である場合の資産計上期間については、保険期間の5割相当期間となります。したがって、例えば、法基通9－3－5の2の表中の資産計上期間の欄の本文に従って計算された資産計上期間が3年、かつ、保険期間が8年の保険契約の場合、その資産計上期間は4年とな

りします。

【契約内容の変更】

［Q11］ 法基通9－3－5の2（注）5にある「契約内容の変更」とは、
どのような変更をいうのですか。

［A］

　法基通9－3－5の2は、契約時の最高解約返戻率の区分に応じて資
産計上期間、資産計上割合及び取崩期間を設定していますので、解約返
戻率の変動を伴う契約内容の変更や保険期間の変更は、原則として、
「契約内容の変更」に当たり、例えば、次に掲げるような変更が該当し
ます。

⑴　払込期間の変更（全期払（年払・月払）を短期払に変更する場合
　　等）

⑵　特別保険料の変更

⑶　保険料払込免除特約の付加・解約

⑷　保険金額の増額、減額又は契約の一部解約に伴う高額割引率の変更
　　により解約返戻率が変動する場合

⑸　保険期間の延長・短縮

⑹　契約書に記載した年齢の誤りの訂正等により保険料が変動する場合
　　一方で、例えば、次に掲げるような変更は、原則として、「契約内容
の変更」には当たりません。

⑺　払込方法の変更（月払を年払に変更する場合等）

⑻　払込経路の変更（口座振替扱いを団体扱いに変更する場合等）

⑼　前納金の追加納付

⑽　契約者貸付

⑾　保険金額の減額（部分解約）

　なお、保険給付のある特約に追加加入した場合、その特約に係る保険
料は、主契約に係る保険料とは区分して取り扱われることとなりますの
で、特約の付加に伴う高額割引率の変更により主契約の保険料が変動す
るようなことがない限り、主契約の「契約内容の変更」としては取り扱
われません（法基通9－3－6の2）（［Q18］参照）。

　また、契約の転換、払済保険への変更、契約の更新も、法基通9－3
－5の2（注）5の「契約内容の変更」としては取り扱われません（［Q

14］参照）。

　上記のとおり、解約返戻率の変動を伴う契約内容の変更は、原則として、「契約内容の変更」に当たることから、次の［Q12］の処理を行う必要がありますが、「契約内容の変更」により最高解約返戻率が低くなることが見込まれる場合で、経理事務が煩雑となるため、あえて［Q12］の処理を行わないこととしているときには、それでも差し支えありません。

［Q12］　定期保険等に加入後、「契約内容の変更」があった場合、具体的には、どのような処理を行うのですか。

［Ａ］

　法基通９－３－５の２は、契約時の契約内容に基づいて適用されますので、その契約後に契約内容の変更があった場合、保険期間のうち当該変更があった時以後の期間においては、変更後の契約内容に基づいて法基通９－３－４から９－３－６の２までの取扱いを適用することとなります（法基通９－３－５の２（注）５）。

　なお、保険料や保険金額の異動（これに伴い解約返戻率も変動）を伴う契約内容の変更がある場合には、変更前の責任準備金相当額と変更後の契約内容に応じて必要となる責任準備金相当額との過不足の精算を行うのが一般的であり、これにより、責任準備金相当額は契約当初から変更後の契約内容であったのと同じ額となりますので、税務上の資産計上累積額もこれに合わせた調整を行う必要があります。

　具体的には、変更時に精算（追加払い又は払戻し）される責任準備金相当額を損金の額又は益金の額に算入するとともに、契約当初から変更後の契約内容であったとした場合の各期間の解約返戻率を基にその保険期間に係る最高解約返戻率の区分を再判定して契約当初から変更時までの資産計上累積額を計算し、これと既往の資産計上累積額との差額について、変更時の益金の額又は損金の額に算入することとなります。この調整により、税務上の資産計上累積額は契約当初から変更後の契約内容であったのと同じ額となります（この処理は、契約変更時に行うものですので、過去の事業年度に遡って修正申告等をする必要はありません。）。

　変更後の各事業年度における当期分支払保険料の額については、上記の新たな最高解約返戻率の区分に応じて取り扱い、上記の調整後の資産

計上累積額についても、この新たな区分に応じた取崩し期間に従って取り崩すこととなります。

　また、最高解約返戻率が85%以下の場合で、最高解約返戻率の区分に変更がないときには、資産計上期間や資産計上割合は変わらないことから、必ずしも上記の処理によることなく、責任準備金相当額の精算のみを行う処理も認められます。例えば、①責任準備金相当額の追加払があった場合に、変更後の保険料に含めて処理することや、②責任準備金相当額の払戻しがあった場合に、既往の資産計上累積額のうち払い戻された責任準備金相当額に応じた金額を取り崩すといった処理も認められます。

〔責任準備金相当額の追加払がある場合〕

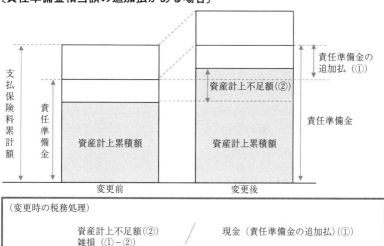

［Q13］　改正通達の適用日前の契約に係る定期保険等について、改正通達の適用日以後に契約内容の変更があった場合はどのように取り扱われるのですか。

［A］
　改正通達の適用日前の契約に係る定期保険等の保険料については、改正通達の適用日以後に契約内容の変更があった場合であっても、改正前

の取扱い又は廃止前の個別通達の取扱いの例によりますので、改正後の
取扱いは適用されません。

[Q14]　改正通達の適用日前の契約に係る定期保険等について、改正通達
　　　の適用日後に、転換、払済保険への変更、契約の更新、保険給付のある
　　　特約の付加があった場合はどのように取り扱われるのですか。

[A]

　　契約の転換は、既契約の保険契約を新たな契約に切り替えるものです
　ので、改正通達の適用日前の契約に係る定期保険等を改正通達の適用日
　後に転換した場合には、転換後の契約については、改正後の取扱いによ
　ることとなります（[Q19] 参照）。このことは、改正通達の適用日後に
　払済保険に変更した場合も同様です。

　　次に、契約の更新も、既契約の保険契約を新たな契約に切り替えるも
　のですので、改正通達の適用日前の契約に係る定期保険等を改正通達の
　適用日後に更新した場合には、更新後の契約については、改正後の取扱
　いによるのが相当と考えられます。ただし、実務的には自動更新される
　場合が多く、契約者にとっては新たな保険に加入したとの認識もないた
　め、自動更新を前提に保険に加入した契約者の予測可能性の確保等の観
　点から、保障内容に変更のない自動更新については新たな契約とは取り
　扱わずに、改正前の取扱いによって差し支えありません。

　　なお、改正通達の適用日前の契約に係る定期保険等について、改正通
　達の適用日後に、保険給付のある特約を付加した場合には、その特約に
　係る保険料については、改正後の取扱いによることとなります。

【解約返戻金相当額のない短期払の定期保険又は第三分野保険】

[Q15]　法基通9－3－5の(1)及び(2)では、支払った保険料の額は、原則
　　　として、保険期間の経過に応じて損金の額に算入するとされていますが、
　　　同通達の (注)2では、保険料を支払った日の属する事業年度の損金の
　　　額に算入することが認められています。具体的には、どのような場合に
　　　(注)2の対象となるのですか。

[A]

　　法人が支払った保険料の額は、原則として、保険期間の経過に応じて
　損金の額に算入することとなりますが、納税者の事務負担に配慮し、法

人が、保険期間を通じて解約返戻金相当額のない短期払の定期保険又は
第三分野保険に加入した場合において、一の被保険者につき当該事業年
度に支払った保険料の額が30万円以下であるものについて、その支払っ
た日の属する事業年度の損金の額に算入しているときには、その処理が
認められます（法基通９－３－５の（注）２）。

　なお、役員又は部課長その他特定の使用人（これらの者の親族を含み
ます。）のみを被保険者としている場合で、その保険料の額が当該役員
又は使用人に対する給与となるものについては、（注）２の取扱いは適用
されません。

（注）　法基通９－３－５の２では、年換算保険料相当額（保険料総額を保険
　　　期間の年数で除した金額）により、同通達の適用対象となるかを判定し
　　　ますが、同９－３－５の（注）２では、年換算保険料相当額とは異なり当
　　　該事業年度中に支払った保険料の額で適用関係を判定することに留意す
　　　る必要があります。

［Ｑ16］　保険期間のうち一定期間のみ解約返戻金のない商品は、法基通９
　　　－３－５の（注）２の対象となりますか。
　　　また、「ごく少額の払戻金がある契約」とは、どのような契約をいう
　のですか。
［Ａ］
　　法基通９－３－５の（注）２は、「保険期間を通じて」解約返戻金相当
　額のない定期保険又は第三分野保険と定めていますので、例えば、保険
　料払込期間中は解約返戻金相当額がないものの、払込期間終了以後は解
　約返戻金相当額があるような商品は、同通達の対象となりません。
　　なお、ここでいう解約返戻金相当額とは、法基通９－３－５の２の解
　約返戻金相当額と同じ意味です（［Ｑ７］参照）。
　　また、現行の終身保障の第三分野保険のなかには、払込期間終了以後、
　ごく少額の解約返戻金や死亡保険金が支払われる商品や、保険期間中に
　ごく少額の健康祝金や出産祝金などが支払われる商品が多くありますが、
　このように、ごく少額の払戻金しかない商品については、解約返戻金相
　当額のない保険に含まれます。
　　「ごく少額の払戻金」の範囲について、現行の商品では、入院給付金
　日額などの基本給付金額（５千円～１万円程度）の10倍としている商品

が多いようであり、このような払戻金は、一般的にはごく少額のものと考えられますが、ごく少額か否かは、支払保険料の額や保障に係る給付金の額に対する割合などを勘案して個別に判断することとなります（廃止された、いわゆる「がん保険通達」と考え方が変わるものではありません。）。

［Q17］　当該事業年度に支払った保険料の額が30万円以下か否かは、どのように判定するのですか。

［A］

　　当該事業年度に支払った保険料の額が30万円以下か否かについては、特に次の点に留意する必要があります。

①　一の被保険者（例えば、代表取締役：甲）につき、法基通9－3－5の（注）2に定める「解約返戻金相当額のない短期払の定期保険又は第三分野保険」に複数加入している場合は、保険会社やそれぞれの保険契約への加入時期の違いにかかわらず、その全ての保険について当該事業年度に支払った保険料の額を合計して判定することとなります。したがって、例えば、年払保険料20万円の無解約返戻金型終身医療保険（払込期間30年）と年払保険料100万円の無解約返戻金型終身がん保険（払込期間5年）に加入して当該事業年度に保険料を支払った場合、いずれの保険料についても、同通達の（注）2の取扱いは認められず、それぞれの保険期間（保険期間の開始から116歳までの期間）の経過に応じて損金算入することとなります。

　　なお、役員又は部課長その他特定の使用人（これらの者の親族を含みます。）のみを被保険者としている場合で、その保険料の額が当該役員又は使用人に対する給与となるものは、判定に含める必要はありません。

②　事業年度の途中で「解約返戻金相当額のない短期払の定期保険又は第三分野保険」の追加加入又は解約等をした場合の取扱いは次のとおりです。

　　最初に加入した定期保険又は第三分野保険の年払保険料の額が30万円以下で、事業年度の途中で追加加入した定期保険又は第三分野保険について当該事業年度に支払った保険料の額との合計額が30万円超となる場合には、当該事業年度に支払ったいずれの保険料についても、

同通達の（注）2の取扱いは認められず、それぞれの保険期間の経過に応じて損金の額に算入することとなります。

　反対に、2つの定期保険又は第三分野保険に加入している場合で、事業年度の途中に一方の保険を解約等したことにより、当該事業年度に支払った保険料の合計額が30万円以下となるときには、当該事業年度に支払った保険料の額を当期の損金の額に算入することができます。

③　改正通達の適用日前に契約した「解約返戻金相当額のない短期払の定期保険又は第三分野保険」に係る支払保険料の額は判定に含める必要はありません。

【特約に係る保険料】

［Q18］　特約に係る保険料を支払った場合、どのように取り扱われるのですか。

［A］

　法人が、自己を契約者とし、役員又は使用人（これらの者の親族を含みます。）を被保険者とする特約を付した養老保険、定期保険、第三分野保険又は定期付養老保険等に加入し、当該特約に係る保険料を支払った場合には、その支払った保険料の額については、当該契約の内容に応じ、法基通9－3－4、9－3－5又は9－3－5の2の例によることとなります（法基通9－3－6の2）。

　ここでいう特約とは、保険給付がある特約のことをいい、保険給付がある特約に係る保険料を支払った場合には、主契約に係る保険料とは区別して、法基通9－3－4、9－3－5又は9－3－5の2の取扱いによることとなります。

　一方で、保険給付のない特約に係る保険料（例えば、保険料払込免除特約に係る保険料）は、主契約に係る保険料に含めて各通達の取扱いによることとなります（［Q6］及び［Q11］参照）。

【保険契約の転換】

［Q19］　いわゆる契約転換制度により、現在加入している養老保険を定期保険又は第三分野保険に転換した場合、転換後契約はどのように取り扱われるのですか。

［Ａ］

　　いわゆる契約転換制度により、現在加入している養老保険を定期保険
又は第三分野保険に転換した場合には、養老保険の保険料について資産
計上した金額のうち、転換後の定期保険又は第三分野保険の責任準備金
に充当される部分の金額（充当額）を超える部分の金額を転換日の属す
る事業年度の損金の額に算入することができ、その上で、充当額に相当
する部分の金額については、転換後の定期保険又は第三分野保険に係る
保険料の一時払いをしたものとして、法基通９－３－５及び９－３－５
の２の例によることとなります（法基通９－３－７）。

　　この充当額（転換価格）については、前納金として扱い転換後契約の
応当日に各期間の保険料に充当していく方式（保険料充当方式）と、転
換後契約の保険料の一部の一時払いとする方式（一部一時払方式）があ
るようですが、いずれの方式であっても転換後契約が定期保険又は第三
分野保険である場合には、その充当額（転換価格）の全額を資産に計上
し、資産計上した金額のうち転換後の各事業年度に対応する部分の金額
が当期分支払保険料の額として法基通９－３－５の２の本文の取扱いに
よることとなります（法基通９－３－５の２（注）４）（［Ｑ２］参照）。

　　ところで、転換後契約については、上記の充当額（転換価格）のほか
に平準保険料を支払うのが一般的なようですが、そのような場合には、
この平準保険料を合わせた額を当期分支払保険料の額として法基通９－
３－５の２の本文の取扱いによることとなります。

　　なお、転換後契約に係る（最高）解約返戻率については、転換時に保
険会社から示される転換後契約に係る解約返戻金相当額について、それ
を受けることとなるまでの間に支払うこととなる保険料の額の合計額で
除した割合によることとなります。

　　また、契約の転換は、既契約の保険契約を新たな契約に切り替えるも
のですので、転換のあった日を保険期間の開始の日として資産計上期間
や取崩期間を判定することとなりますが、転換後の定期保険又は第三分
野保険の最高解約返戻率が85％超の区分となる場合でも、同通達の表の
資産計上期間の欄の（注）に定める資産計上期間を最低でも５年間とす
る取扱いの適用はありません（法基通９－３－７）。

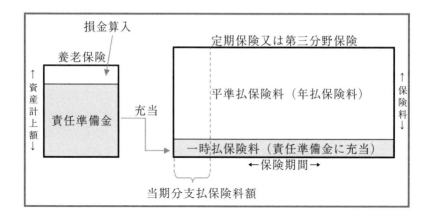

【長期傷害保険】

［Q20］　文書回答事例「長期傷害保険（終身保障タイプ）に関する税務上
　　の取扱いについて」（平成18年４月28日回答）にある長期傷害保険は、
　　通達改正後、どのように取り扱われるのですか。

［A］

　　長期傷害保険は、法基通９－３－５に定める第三分野保険に該当する
　こととなりますので、改正通達の適用日以後の契約に係る長期傷害保険
　の保険料については、改正後の取扱いによることとなります。

　　なお、同日前の契約に係る長期傷害保険の保険料については、文書回
　答事例「長期傷害保険（終身保障タイプ）に関する税務上の取扱いにつ
　いて」（平成18年４月28日回答）の取扱いの例によることとなります。

○　令和元年改正会社法施行後における会社役員賠償責任保険の保険料の
税務上の取扱いについて（情報）

個人課税課情報　第 7 号

法人課税課情報　第 7 号

令和 2 年 9 月30日

　標題のことについては、会社法の一部を改正する法律（令和元年12月11
日）において、会社役員賠償責任保険に係る契約を締結するための手続等
が定められたことに伴い、経済産業省が別添のとおり「令和元年改正会社
法施行後における会社役員賠償責任保険の保険料の税務上の取扱いについ
て」として関係各所への周知及び同省HPへの掲載をしているので了知さ
れたい。

・別添　令和元年改正会社法施行後における会社役員賠償責任保険の保険
料の税務上の取扱いについて

（別添）

　令和元年改正会社法施行後における会社役員賠償責任保険の保険料の税
務上の取扱いについて

令和 2 年 9 月30日

経済産業省

　会社役員賠償責任保険（D&O保険）の株主代表訴訟敗訴時担保部分に
係る保険料を会社が負担した場合における役員個人が受ける経済的利益
（以下「会社役員賠償責任保険に係る経済的利益」といいます。）について
は、一定の手続を経て会社が当該保険料を会社法上適法に負担した場合に
は、役員個人に対する給与課税を行う必要はないとの解釈が国税庁から示
されていたところです。

　令和元年12月に成立した改正会社法（令和元年12月11日公布、同日から
1 年 6 月以内に施行）において、新たに会社役員賠償責任保険に係る契約
に関する規定が設けられ、当該契約を締結するための手続等が会社法上明
確化されたところですが、改正会社法施行後における会社役員賠償責任保

険に係る経済的利益の税務上の取扱いについては、以下のとおりとなる旨を国税庁に確認しましたので、お知らせいたします。

　会社が、改正会社法の規定（※）に基づき、当該保険料を負担した場合には、当該負担は会社法上適法な負担と考えられることから、役員個人に対する経済的利益の供与はなく、役員個人に対する給与課税を行う必要はない。

※　株式会社が、保険者との間で締結する保険契約のうち役員等がその職務の執行に関し責任を負うこと又は当該責任の追及に係る請求を受けることによって生ずることのある損害を保険者が塡補することを約するものであって、役員等を被保険者とするもの（当該保険契約を締結することにより被保険者である役員等の職務の執行の適正性が著しく損なわれるおそれがないものとして法務省令で定めるものを除く。第三項ただし書きにおいて「役員等賠償責任保険契約」という。）の内容の決定をするには、株主総会（取締役会設置会社にあっては、取締役会）の決議によらなければならない。（改正会社法第四百三十条の三）

　　　　　　　　　　　　　　　　　　　　　　　　　　以　上

7　令和元年改正前の個別通達

（注）本項の取扱いは、令和元年の通達改正（令和元年６月28日課法２-13他
「法人税基本通達等の一部改正について（法令解釈通達）」）により廃止さ
れたものとなります。
　　　ただし、令和元年７月８日前（前記第１　１(2)「定期保険及び第三分
野保険」ニについては、令和元年10月８日前）の契約に係る定期保険及
び第三分野保険の保険料については、引き続き本項の取扱いが適用され
ます（同法令解釈通達別紙第１「二　経過的取扱い」）。

○　**法人が支払う長期平準定期保険等の保険料の取扱いについて**

昭和62年６月16日直法２-２（例規）

平成８年７月４日課法２-３（例規）により改正

平成20年２月28日課法２-３、課審５-18により改正

標題のことについては、当面下記により取り扱うこととしたから、これ
によられたい。
（趣旨）
　定期保険は、満期保険金のない生命保険であるが、その支払う保険料が
平準化されているため、保険期間の前半において支払う保険料の中に前払
保険料が含まれている。特に保険期間が長期にわたる定期保険や保険期間
中に保険金額が逓増する定期保険は、当該保険の保険期間の前半において
支払う保険料の中に相当多額の前払保険料が含まれていることから、その
支払保険料の損金算入時期等に関する取扱いの適正化を図ることとしたも
のである。（平８年課法２-３により改正）

記

１　対象とする定期保険の範囲
　　この通達に定める取扱いの対象とする定期保険は、法人が、自己を契
　約者とし、役員又は使用人（これらの者の親族を含む。）を被保険者と
　して加入した定期保険（一定期間内における被保険者の死亡を保険事故
　とする生命保険をいい、障害特約等の特約の付されているものを含む。
　以下同じ。）のうち、次に掲げる長期平準定期保険及び逓増定期保険
　（以下これらを「長期平準定期保険等」という。）とする。（平８年課法

2－3、平20年課法2－3により改正）

(1) 長期平準定期保険（その保険期間満了の時における被保険者の年齢が70歳を超え、かつ、当該保険に加入した時における被保険者の年齢に保険期間の2倍に相当する数を加えた数が105を超えるものをいい、(2)に該当するものを除く。）

(2) 逓増定期保険（保険期間の経過により保険金額が5倍までの範囲で増加する定期保険のうち、その保険期間満了の時における被保険者の年齢が45歳を超えるものをいう。）

(注) 「保険に加入した時における被保険者の年齢」とは、保険契約証書に記載されている契約年齢をいい、「保険期間満了の時における被保険者の年齢」とは、契約年齢に保険期間の年数を加えた数に相当する年齢をいう。

2 長期平準定期保険等に係る保険料の損金算入時期

法人が長期平準定期保険等に加入してその保険料を支払った場合（役員又は部課長その他特定の使用人（これらの者の親族を含む。）のみを被保険者とし、死亡保険金の受取人を被保険者の遺族としているため、その保険料の額が当該役員又は使用人に対する給与となる場合を除く。）には、法人税基本通達9－3－5及び9－3－6《定期保険に係る保険料等》にかかわらず、次により取り扱うものとする。（平8年課法2－3、平20年課法2－3により改正）

(1) 次表に定める区分に応じ、それぞれ次表に定める前払期間を経過するまでの期間にあっては、各年の支払保険料の額のうち次表に定める資産計上額を前払金等として資産に計上し、残額については、一般の定期保険（法人税基本通達9－3－5の適用対象となる定期保険をいう。以下同じ。）の保険料の取扱いの例により税金の額に算入する。

〔前払期間、資産計上額等の表〕

区　分	前払期間	資産計上額
(1)長期平準定期保険　保険期間満了の時における被保険者の年齢が70歳を超え、かつ、当該保険に加入した時における被保険者の年齢に保険期間の2倍に相当する数を加えた数が105を超えるもの	保険期間の開始の時から当該保険期間の60％に相当する期間	支払保険料の2分の1に相当する金額

（2） 逓 増 定 期 保 険	①　保険期間満了の時における被 保険者の年齢が45歳を超えるも の（②又は③に該当するものを 除く。）	保険期間の開 始の時から当該 保険期間の60％ に相当する期間	支払保険料の 2分の1に相当 する金額
	②　保険期間満了の時における被 保険者の年齢が70歳を超え、か つ、当該保険に加入した時にお ける被保険者の年齢に保険期間 の2倍に相当する数を加えた数 が95を超えるもの（③に該当す るものを除く。）	同　　　上	支払保険料の 3分の2に相当 する金額
	③　保険期間満了の時における被 保険者の年齢が80歳を超え、か つ、当該保険に加入した時にお ける被保険者の年齢に保険期間 の2倍に相当する数を加えた数 が120を超えるもの	同　　　上	支払保険料の 4分の3に相当 する金額

　（注）　前払期間に1年未満の端数がある場合には、その端数を切り捨て
　　　た期間を前払期間とする。

(2)　保険期間のうち前払期間を経過した後の期間にあっては、各年の支
　払保険料の額を一般の定期保険の保険料の取扱いの例により損金の額
　に算入するとともに、(1)により資産に計上した前払金等の累積額をそ
　の期間の経過に応じ取り崩して損金の額に算入する。

　（注）1　保険期間の全部又はその数年分の保険料をまとめて支払った場合に
　　　　は、いったんその保険料の全部を前払金として資産に計上し、その支
　　　　払の対象となった期間（全保険期間分の保険料の合計額をその全保険
　　　　期間を下回る一定の期間に分割して支払う場合には、その全保険期間
　　　　とする。）の経過に応ずる経過期間分の保険料について、(1)又は(2)の処
　　　　理を行うことに留意する。

　　　　2　養老保険等に付された長期平準定期保険等特約（特約の内容が長期
　　　　平準定期保険等と同様のものをいう。）に係る保険料が主契約たる当該
　　　　養老保険等に係る保険料と区分されている場合には、当該特約に係る
　　　　保険料についてこの通達に定める取扱いの適用があることに留意する。

（経過的取扱い…逓増定期保険に係る改正通達の適用時期）

　　この法令解釈通達による改正後の取扱いは平成20年2月28日以後の契約
　に係る改正後の1(2)に定める逓増定期保険（2(2)の注2の適用を受けるも

のを含む。）の保険料について適用し、同日前の契約に係る改正前の1(2)に定める逓増定期保険の保険料については、なお従前の例による。（平20年課法2－3により追加）

○　法人又は個人事業者が支払う介護費用保険の保険料の取扱いについて

直審4－52（例規）

直審3－77

平成元年12月16日

　標題のことについては、当面下記により取り扱うこととしたから、これによられたい。

（趣旨）

　保険期間が終身である介護費用保険は、保険事故の多くが被保険者が高齢になってから発生するにもかかわらず各年の支払保険料が毎年平準化されているため、60歳頃までに中途解約又は失効した場合には、相当多額の解約返戻金が生ずる。このため、支払保険料を単に支払の対象となる期間の経過により損金の額又は必要経費に算入することは適当でない。そこで、その支払保険料の損金の額又は必要経費に算入する時期等に関する取扱いを明らかにすることとしたものである。

記

1　介護費用保険の内容

　この通達に定める取扱いの対象とする介護費用保険は、法人又は事業を営む個人（これらを以下「事業者」という。）が、自己を契約者とし、役員又は使用人（これらの者の親族を含む。）を被保険者として加入した損害保険で被保険者が寝たきり又は痴ほうにより介護が必要な状態になったときに保険事故が生じたとして保険金が被保険者に支払われるものとする。

2　介護費用保険に係る保険料の損金又は必要経費算入の時期

　事業者が介護費用保険に加入してその保険料を支払った場合（役員又は部課長その他特定の使用人（これらの者の親族を含む。）のみを被保険者とし、保険金の受取人を被保険者としているため、その保険料の額が当該役員又は使用人に対する給与となる場合を除く。）には、次により取り扱うものとする。

　(1)　保険料を年払又は月払する場合には、支払の対象となる期間の経過に応じて損金の額又は必要経費に算入するものとするが、保険料払込期間のうち被保険者が60歳に達するまでの支払分については、その50％相当額を前払費用等として資産に計上し、被保険者が60歳に達した場合には、当該資産に計上した前払費用等の累積額を60歳以後の15

年で期間の経過により損金の額又は必要経費に算入するものとする。

(2)　保険料を一時払する場合には、保険料払込期間を加入時から75歳に達するまでと仮定し、その期間の経過に応じて期間経過分の保険料につき(1)により取り扱う。

(3)　保険事故が生じた場合には、(1)又は(2)にかかわらず資産計上している保険料について一時の損金の額又は必要経費に算入することができる。

（注）1　数年分の保険料をまとめて支払った場合には、いったんその保険料の全額を前払金として資産に計上し、その支払の対象となった期間の経過に応ずる経過期間分の保険料について、(1)の取扱いによることに留意する。

　　　2　被保険者の年齢が60歳に達する前に保険料を払済みとする保険契約又は払込期間が15年以下の短期払済みの年払又は月払の保険契約にあっては、支払保険料の総額を一時払したものとして(2)の取扱いによる。

　　　3　保険料を年払又は月払する場合において、保険事故が生じたときには、以後の保険料の支払は免除される。しかし、免除後に要介護の状態がなくなったときは、再度保険料の支払を要することとされているが、当該支払保険料は支払の対象となる期間の経過に応じて損金の額又は必要経費に算入するものとする。

3　被保険者である役員又は使用人の課税関係

被保険者である役員又は使用人については、介護費用保険が掛け捨ての保険であるので、法人税基本通達9－3－5又は所得税基本通達36－31の2に定める取扱いに準じて取り扱う。

4　保険契約者の地位を変更した場合（退職給与の一部とした場合等）の課税関係

保険契約者である事業者が、被保険者である役員又は使用人が退職したことに伴い介護費用保険の保険契約者の地位（保険契約の権利）を退職給与の全部又は一部として当該役員又は使用人に供与した場合には、所得税基本通達36－37に準じ当該契約を解除した場合の解約返戻金の額相当額が退職給与として支給されたものとして取り扱う。

なお、事業者が保険契約者の地位を変更せず、定年退職者のために引き続き保険料を負担している場合であっても、所得税の課税対象としなくて差し支えない（役員又は部課長その他特定の使用人（これらの者の親族を

含む。）のみを被保険者とし、保険金の受取人を被保険者としている場合
を除く。）。

5　保険金の支払を受けた役員又は使用人の課税関係

　被保険者である役員又は使用人が保険金の支払を受けた場合には、当該
保険金は所得税法施行令第30条《非課税とされる保険金、損害賠償金等》
に規定する保険金に該当するものとして、非課税として取り扱う。

6　適用時期

　この通達は、平成元年9月1日以後の支払期日の到来分から適用する。

○ 法人契約の「がん保険（終身保障タイプ）・医療保険（終身保障タイプ）」の保険料の取扱いについて（法令解釈通達）

課法4－100

平成13年8月10日

平成24年4月27日課法2－3、課審5－5により改正

　標題のことについて、社団法人生命保険協会から別紙2のとおり照会があり、これに対して当庁課税部長名をもって別紙1のとおり回答したから、平成13年9月1日以降にその保険に係る保険料の支払期日が到来するものからこれによられたい。

　なお、昭和50年10月6日付直審4－76「法人契約のがん保険の保険料の取扱いについて」（法令解釈通達）は、平成13年9月1日をもって廃止する。

　おって、この法令解釈通達による保険料の取扱いのうち、がん保険（終身保障タイプ）に係る取扱いは、平成24年4月27日をもって廃止する。ただし、同日前の契約に係るがん保険（終身保障タイプ）に係る取扱いについては、なお従前の例による。

（別紙1）

　　法人契約の「がん保険（終身保障タイプ）・医療保険（終身保障タイプ）」の保険料の取扱いについて（平成13年8月8日付企第250号照会に対する回答）

　標題のことについては、貴見のとおり取り扱って差し支えありません。

　なお、御照会に係る事実関係が異なる場合又は新たな事実が生じた場合には、この回答内容と異なる課税関係が生ずることがあります。

　おって、当庁においては、平成13年9月1日以降にその保険に係る保険料の支払期日が到来するものから御照会のとおり取り扱うこととしましたので申し添えます。

（別紙2）

　　がん保険（終身保障タイプ）及び医療保険（終身保障タイプ）に関する税務上の取扱いについて

　当協会の加盟会社の中には、下記の内容のがん保険（終身保障タイプ）及び医療保険（終身保障タイプ）を販売している会社があります。

　つきましては、法人が自己を契約者とし、役員又は使用人（これらの者の親族を含む。）を被保険者としてがん保険（終身保障タイプ）及び医療保険（終身保障タイプ）に加入した場合の保険料の取扱いについては、以下のとおり取り扱って差し支えないか、貴庁の御意見をお伺いしたく御照会申し上げます。

記

〈がん保険（終身保障タイプ）の概要〉

1　主たる保険事故及び保険金

保険事故	保険金
初めてがんと診断	がん診断給付金
がんによる入院	がん入院給付金
がんによる手術	がん手術給付金
がんによる死亡	がん死亡保険金

　(注)　保険期間の終了（保険事故の発生による終了を除く。）に際して支払う保険金はない。

　　　　なお上記に加えて、がん以外の原因により死亡した場合にごく小額の普通死亡保険金を支払うものもある。

2　保険期間　　　　　　終身
3　保険料払込方法　　　一時払、年払、半年払、月払
4　保険料払込期間　　　終身払込、有期払込
5　保険金受取人　　　　会社、役員又は使用人（これらの者の親族を含む。）
6　払戻金

　この保険は、保険料は掛け捨てでいわゆる満期保険金はないが、保険契約の失効、告知義務違反による解除及び解約等の場合には、保険料の払込期間に応じた所定の払戻金が保険契約者に払い戻される。これは保険期間が長期にわたるため、高齢化するにつれて高まる死亡率等に対して、平準化した保険料を算出しているためである。

〈医療保険（終身保障タイプ）の概要〉

1　主たる保険事故及び保険金

保険事故	保険金
災害による入院	災害入院給付金
病気による入院	病気入院給付金
災害又は病気による手術	手術給付金

（注）　保険期間の終了（保険事故の発生による終了を除く。）に際して支払う保険金はない。

　　　　なお上記に加えて、ごく小額の普通死亡保険金を支払うものもある。

2　保険期間　　　　　　終身

3　保険料払込方法　　　一時払、年払、半年払、月払

4　保険料払込期間　　　終身払込、有期払込

5　保険金受取人　　　　会社、役員又は使用人（これらの者の親族を含む。）

6　払戻金

　この保険は、保険料は掛け捨てでいわゆる満期保険金はないが、保険契約の失効、告知義務違反による解除及び解約等の場合には、保険料の払込期間に応じた所定の払戻金が保険契約者に払い戻される。これは、保険期間が長期にわたるため、高齢化するにつれて高まる死亡率等に対して、平準化した保険料を算出しているためである。

〈保険料の税務上の取扱いについて〉

1　保険金受取人が会社の場合

⑴　終身払込の場合は、保険期間の終了（保険事故の発生による終了を除く。）に際して支払う保険金がないこと及び保険契約者にとって毎年の付保利益は一定であることから、保険料は保険期間の経過に応じて平準的に費用化することが最も自然であり、その払込の都度損金の額に算入する。

⑵　有期払込の場合は、保険料払込期間と保険期間の経過とが対応しておらず、支払う保険料の中に前払保険料が含まれていることから、生保標準生命表の最終の年齢「男性106歳、女性109歳」を参考に「105歳」を「計算上の満期到達時年齢」とし、払込保険料に「保険料払込期間を105歳と加入時年齢の差で除した割合」を乗じた金額を損金の額に算入し、残余の金額を積立保険料として資産に計上する。

⑶　保険料払込満了後は、保険料払込満了時点の資産計上額を「105歳と払込満了時年齢の差」で除した金額を資産計上額より取り崩して、

損金の額に算入する。ただし、この取り崩し額は年額であるため、払込満了時が事業年度の中途である場合には、月数あん分により計算する。

2　保険金受取人が役員又は使用人（これらの者の親族を含む。）の場合

(1)　終身払込の場合は、保険期間の終了（保険事故の発生による終了を除く。）に際して支払う保険金がないこと及び保険契約者にとって毎年の付保利益は一定であることから、保険料は保険期間の経過に応じて平準的に費用化することが最も自然であり、その払込の都度損金の額に算入する。

(2)　有期払込の場合は、保険料払込期間と保険期間の経過とが対応しておらず、支払う保険料の中に前払保険料が含まれていることから、生保標準生命表の最終の年齢「男性106歳、女性109歳」を参考に「105歳」を「計算上の満期到達時年齢」とし、払込保険料に「保険料払込期間を105歳と加入時年齢の差で除した割合」を乗じた金額を損金の額に算入し、残余の金額を積立保険料として資産に計上する。

(3)　保険料払込満了後は、保険料払込満了時点の資産計上額を「105歳と払込満了時年齢の差」で除した金額を資産計上額より取り崩して、損金の額に算入する。ただし、この取り崩し額は年額であるため、払込満了時が事業年度の中途である場合には、月数あん分により計算する。

(4)　ただし、役員又は部課長その他特定の使用人（これらの者の親族を含む。）のみを被保険者としている場合には、当該役員又は使用人に対する給与とする。

以　上

○ **解約返戻金のない定期保険の取扱い**

（質疑応答例　平成13年11月）

【照会要旨】

　法人が自己を契約者及び保険金受取人とし、役員又は従業員を被保険者として次のような内容の定期保険に加入した場合には、被保険者の加入年齢等によっては長期平準定期保険の要件に該当するときもありますが、契約者である法人の払い込む保険料は、定期保険の原則的な処理に従って、その支払時に損金の額に算入して差し支えないでしょうか。

（定期保険の内容）

1　保険事故及び保険金

　・被保険者が死亡した場合　　　　　　死亡保険金
　・被保険者が高度障害状態に該当した場合　高度障害保険金

2　保険期間と契約年齢

保険期間	加入年齢	保険期間	加入年齢
30年満了	0歳から50歳まで	75歳満了	0歳から70歳まで
70歳満了	0歳から65歳まで	80歳満了	0歳から75歳まで

3　保険料払込期間

　保険期間と同一期間（短期払込はない）

4　払戻金

　この保険は掛捨てで、いわゆる満期保険金はありません。また、契約失効、契約解除、解約、保険金の減額及び保険期間の変更等によっても、金銭の払戻しはありません。

（注）　傷害特約等が付された場合も解約返戻金等の支払は一切ありません。

【回答要旨】

　契約者である法人の払い込む保険料は、その支払時に損金の額に算入することが認められます。

（理由）

　(1)　定期保険の税務上の取扱い

　定期保険は、養老保険と異なり満期返戻金や配当金がないことから、その支払保険料については、原則として、資産に計上することを要せず、

その支払時に支払保険料、福利厚生費又は給与として損金の額に算入することとされています（基通9－3－5）。

　ただし、定期保険といっても、保険期間が非常に長期に設定されている場合には、年を経るに従って事故発生率が高くなるため、本来は保険料は年を経るに従って高額になりますが、実際の支払保険料は、その長期の保険期間にわたって平準化して算定されることから、保険期間の前半において支払う保険料の中に相当多額の前払保険料が含まれることとなります。このため、例えば、保険期間の前半に中途解約をしたような場合は、支払保険料の相当部分が解約返戻金として契約者に支払われることになり、支払保険料を支払時に損金算入することに課税上の問題が生じます。

　そこで、このような問題を是正するため、一定の要件を満たす長期平準定期保険の保険料については、保険期間の60％に相当する期間に支払う保険料の2分の1相当額を前払保険料等として資産計上することとされています（平8.7.4付課法2－3「法人が支払う長期平準定期保険等の保険料の取扱いについて」通達参照）。

　　（注）　長期平準定期保険とは、その保険期間満了の時における被保険者の年齢が70歳を超え、かつ、当該保険に加入した時における被保険者の年齢に保険期間の2倍に相当する数を加えた数が105を超えるものをいいます。

(2)　解約返戻金のない定期保険の取扱い

　本件の定期保険についても、加入年齢によっては、上記の長期平準定期保険の要件に該当する場合がありますが、当該定期保険は、その契約内容によると、支払保険料は掛捨てで、契約失効、契約解除、解約、保険金の減額及び保険期間の変更等があっても、一切解約返戻金等の支払はなく、純粋な保障のみを目的とした商品となっています。

　したがって、当該定期保険については、保険料の支払時の損金算入による税効果を利用して、一方で簿外資金を留保するといった、課税上の問題は生じることもなく、また、長期平準定期保険の取扱いは本件のような解約返戻金の支払が一切ないものを対象とする趣旨ではありません。

　このため、本件定期保険については、長期平準定期保険の取扱いを適用せず、定期保険の一般的な取扱い（基通9－3－5）に従って、その支払った保険料の額は、期間の経過に応じて損金の額に算入して差し支

えないものと考えられます。

○ 介護特約付健康長期保険の保険料等の取扱いについて

（文書回答　平成16年1月28日）

　標題のことについては、ご照会に係る事実関係を前提とする限り、貴見のとおりで差し支えありません。

　ただし、ご照会に係る事実関係が異なる場合又は新たな事実が生じた場合は、この回答内容と異なる課税関係が生ずることがあることを申し添えます。

（別　紙）

介護特約付健康長期保険の保険料等の取扱いについて

　この度、当社では、従来の介護費用保険の販売を停止し、新たに下記の内容による介護特約付健康長期保険の販売を開始しております。

　この保険は、保険料は掛け捨てでいわゆる満期返戻金はありませんが、被保険者が85歳に達するまでに保険契約の失効、告知義務違反による解除及び解約等が生じた場合には、保険料の払込期間等に応じた所定の払戻金が保険契約者に払い戻されます。これは、保険期間が長期にわたるため、高齢化するにつれて高まる要介護状態発生率等に対して、平準化した保険料を算出しているためですが、払込保険料の総額に占める当該払戻金の割合は、おおむね60歳以後急激に減少し、75歳以後は極めて小さくなります。

　また、この保険には、契約時に定める所定の年齢まで介護基本保険金又は介護一時金の支払いがない場合に健康祝金を支払う、健康祝金支払特約を付帯することができます。

　つきましては、法人又は事業を営む個人（これらを以下「事業者」といいます。）が自己を契約者とし役員又は使用人（これらの者の親族を含みます。）を被保険者として介護特約付健康長期保険に加入した場合の保険料等の取扱いについて、下記のとおりとして差し支えないか確認いたしたく御照会申し上げます。

記

1　介護特約付健康長期保険の概要
　(1)　主たる保険事故及び保険金：

保　険　事　故	保　険　金
要介護状態となった場合	介護基本保険金
	介護一時金
	継続介護支援保険金
	父母介護一時金
軽度要介護状態となった場合	軽度介護一時金
脳卒中・心筋梗塞・特定難病と診断された場合	介護予防保険金
要介護状態となったあと回復した場合	回復祝金
要介護状態となったあと死亡した場合	葬祭費用保険金

　(2)　保険期間：終身
　(3)　保険料払込方法：一時払、年払、半年払、月払
　(4)　保険料払込期間：有期払込のみ
　(5)　保険金受取人：被保険者本人（ただし、健康祝金は保険契約者）

2　税務上の取扱いについて
　(1)　介護特約付健康長期保険に係る保険料の損金又は必要経費算入の時
　　　期等
　　　　介護特約付健康長期保険に係る保険料の損金又は必要経費算入の時
　　　期、被保険者である役員又は使用人の課税関係、保険契約者の地位を
　　　変更した場合（退職給与の一部とした場合等）の課税関係及び保険金
　　　の支払を受けた役員又は使用人の課税関係については、「法人又は個
　　　人事業者が支払う介護費用保険の保険料の取扱いについて」（平成元
　　　年12月16日付直審4－52、3－77。以下「介護費用保険通達」とい
　　　う。）の2から5までの例により取り扱う。
　　　　この場合において、介護費用保険通達の2中「年払」とあるのは、
　　　「年払、半年払」とする。
　(2)　健康祝金支払特約を付帯した契約に係る保険料の取扱い

　　健康祝金支払特約を付帯した契約については、毎回の払込保険料の
うち、健康祝金支払特約に係る保険料を前払費用等として資産に計上
し、健康祝金支払特約に係る保険事故が生じた場合には、資産計上し
ている当該健康祝金支払特約に係る保険料について一時の損金の額又
は必要経費に算入することができるものとする。

　　また、毎回の払込保険料のうち、健康祝金支払特約に係る保険料以
外の部分の金額については、介護費用保険通達の２の例により取り扱
う。

　　この場合において、介護費用保険通達の２(3)中「保険事故」とある
のは「保険事故（健康祝金支払特約に係る保険事故を除く。）」と、
「保険料」とあるのは「保険料（健康祝金支払特約に係る保険料を含
む。）」とする。

(3)　使用者契約の保険契約等に係る経済的利益の取扱い

　　事業者が従来の介護費用保険に係る保険料を支払ったことにより、
当該事業者の役員又は使用人が受ける経済的利益について、所得税基
本通達36-31の７により課税しなくて差し支えないものとされていた
場合において、当該事業者が新たに雇用した使用人等について介護特
約付健康長期保険を付保し、その保険料を支払ったときは、当該介護
特約付健康長期保険について介護一時金、介護基本保険金及び軽度介
護一時金以外の保険金を引き受けないことを条件に、その経済的利益
について、従来どおり課税しなくて差し支えないものとする。

○ 長期傷害保険（終身保障タイプ）に関する税務上の取扱いについて

（文書回答　平成18年4月28日）

　標題のことについては、ご照会に係る事実関係を前提とする限り、貴見のとおりで差し支えありません。

　ただし、次のことを申し添えます。

　(1)　この文書回答は、ご照会に係る事実関係を前提とした一般的な回答ですので、個々の納税者が行う具体的な取引等に適用する場合においては、この回答内容と異なる課税関係が生ずることがあります。

　(2)　この回答内容は国税庁としての見解であり、個々の納税者の申告内容等を拘束するものではありません。

（別　紙）

　　長期傷害保険（終身保障タイプ）に関する税務上の取扱いについて

　当協会の加盟会社の中には、下記内容の長期傷害保険（終身保障タイプ）を販売している会社があります。

　つきましては、法人が自己を契約者とし、役員又は使用人（これらの者の親族を含む。）を被保険者として長期傷害保険（終身保障タイプ）に加入した場合の保険料の取扱いについては、以下のとおり取扱って差し支えないか、貴庁の御意見をお伺いしたく御照会申し上げます。

記

〈長期傷害保険（終身保障タイプ）の概要〉

1．主たる保険事故及び保険金

　　保険事故　保険金

　　災害による死亡　災害死亡保険金（保険期間を通じて定額）

　　災害による障害　障害給付金

　　病気による死亡　保険金はないが、保険料の払込期間に応じた所定の払戻金が保険契約者に払い戻される。

　(注)　保険期間の終了（保険事故の発生による終了を除く）に際して支払う保険金はない。

２．保険期間　終身

３．保険料払込方法　一時払、年払、半年払、月払

４．保険料払込期間　終身払込、有期払込

５．保険金受取人　法人、役員又は使用人（これらの者の親族を含む。）

６．払戻金

　　　この保険は、保険料は掛け捨てでいわゆる満期保険金はないが、病気による死亡、保険契約の失効、告知義務違反による解除及び解約等の場合には、保険料の払込期間に応じた所定の払戻金が保険契約者に払い戻される。これは、保険期間が長期にわたるため、高齢化するにつれて高まる災害死亡率等に対して、平準化した保険料を算出しているためである。（その結果、ピーク時の解約返戻率は50％を大きく超えている。）

〈保険料の税務上の取扱いについて〉

　　法人が長期傷害保険（終身保障タイプ）に加入してその保険料を支払った場合（役員又は部課長その他特定の使用人（これらの者の親族を含む）のみを被保険者とし、災害死亡保険金受取人を被保険者の遺族としているため、その保険料の額が当該役員又は使用人に対する給与となる場合を除く）には、次のとおり取扱う。

(1)　生保標準生命表の最終の年齢「男性106歳、女性109歳」を参考に「105歳」を「計算上の保険期間満了時の年齢」とし、保険期間の開始の時から当該保険期間の70％に相当する期間（前払期間）を経過するまでの期間にあっては、各年の支払保険料の額のうち４分の３に相当する金額を前払金等として資産に計上し、残額については損金の額に算入する。

(2)　保険期間のうち前払期間を経過した後の期間にあっては、各年の支払保険料の額を損金の額に算入するとともに、(1)による資産計上額の累計額（既にこの(2)の処理により取り崩したものを除く）につき、次の算式により計算した金額を取り崩して損金の額に算入する。

$$資産計上額の累計額 \times \frac{1}{(105-前払期間経過年齢)} = 損金算入額（年額）$$

　　　前払期間経過年齢：前払期間が経過したときにおける被保険者の年齢をいう。

注1)　解約返戻率とは、仮に保険契約を解約した場合における解約返戻金を当該解約時における支払保険料の累計額で除した割合をいい、ピーク時の解

約返戻率とは当該割合が最も高い時点におけるその割合をいう。

注2) 前払期間に１年未満の端数がある場合には、その端数を切り捨てた期間を前払期間とする。

注3) 保険料払込方法が有期払込（一時払を含む）の場合には、次の算式により計算した金額を当期分保険料として上記(1)、(2)の経理処理を行う。

$$支払保険料 \times \frac{保険料払込期間}{(105 - 加入時年齢)} = 当期分保険料（年額）$$

支払保険料から当期分保険料を差し引いた残余の金額については、前払金等として資産に計上し、払込期間が終了した後は毎年当期分保険料と同額を取り崩し、「各年の支払保険料」を「当期分保険料」に読み替えて、上記(1)、(2)の経理処理を行う。

注4) 終身保険等に付された長期傷害保険特約（特約の内容が長期傷害保険（終身保障タイプ）と同様のものをいう。）に係る保険料が主契約たる当該終身保険等に係る保険料と区分されている場合には、当該特約に係る保険料について、同様の取扱いとする。なお、長期傷害保険特約が付された養老保険、終身保険及び年金保険から同種類の払済保険に変更した場合には法人税基本通達９－３－７の２の原則に従い、その変更時における解約返戻金相当額とその保険契約により資産計上している保険料の額との差額を、その変更した日の属する事業年度の益金の額又は損金の額に算入することを要する。

以上

〈保険料の税務上の取扱いの事実関係に対して照会者の見解となることの理由〉

本件照会の長期傷害保険（終身保障タイプ）については、その保険期間の前半において支払う保険料の中に相当多額の前払保険料が含まれている。各商品の保険料に占める前払保険料の割合の平均値を、前払期間の経過にわたってみると、概ね７割程度であり、３／４資産計上した場合であれば、平均値を上回る商品においても、概ね10ポイント程度の乖離に収まっていることから、支払保険料の３／４を資産計上することは相当である。

また、各商品の前払保険料累計額のピークは、計算上の満期年齢を105歳とした場合、概ね保険期間の７割程度を経過した時点であることから、保険期間の７割の期間を前払期間とすることは相当である。

○　**法人が支払う「がん保険」（終身保障タイプ）の保険料の取扱いについて**（法令解釈通達）

課法 2 - 5

課審 5 - 6

平成24年 4 月27日

　表題のことについては、当面下記により取り扱うこととしたから、これによられたい。

(趣　旨)

　保険期間が終身である「がん保険」は、保険期間が長期にわたるものの、高齢化するにつれて高まる発生率等に対し、平準化した保険料を算出していることから、保険期間の前半において中途解約又は失効した場合には、相当多額の解約返戻金が生ずる。このため、支払保険料を単に支払の対象となる期間の経過により損金の額に算入することは適当でない。そこで、その支払保険料を損金の額に算入する時期等に関する取扱いを明らかにすることとしたものである。

記

1　対象とする「がん保険」の範囲

　この法令解釈通達に定める取扱いの対象とする「がん保険」の契約内容等は、以下のとおりである。

(1)　契約者等

　法人が自己を契約者とし、役員又は使用人（これらの者の親族を含む。）を被保険者とする契約。

　ただし、役員又は部課長その他特定の使用人（これらの者の親族を含む。）のみを被保険者としており、これらの者を保険金受取人としていることによりその保険料が給与に該当する場合の契約を除く。

(2)　主たる保険事故及び保険金

　次に掲げる保険事故の区分に応じ、それぞれ次に掲げる保険金が支払

われる契約。

保　険　事　故	保　険　金
初めてがんと診断	がん診断給付金
がんによる入院	がん入院給付金
がんによる手術	がん手術給付金
がんによる死亡	がん死亡保険金

(注)1　がん以外の原因により死亡した場合にごく小額の普通死亡保険金を
　　　　支払うものを含むこととする。
　　 2　毎年の付保利益が一定（各保険金が保険期間を通じて一定であるこ
　　　　とをいう。）である契約に限る（がん以外の原因により死亡した場合に
　　　　ごく小額の普通死亡保険金を支払う契約のうち、保険料払込期間が有
　　　　期払込であるもので、保険料払込期間において当該普通死亡保険金の
　　　　支払がなく、保険料払込期間が終了した後の期間においてごく小額の
　　　　普通死亡保険金を支払うものを含む。）。

(3)　保険期間
　　　保険期間が終身である契約。

(4)　保険料払込方法
　　　保険料の払込方法が一時払、年払、半年払又は月払の契約。

(5)　保険料払込期間
　　　保険料の払込期間が終身払込又は有期払込の契約。

(6)　保険金受取人
　　　保険金受取人が会社、役員又は使用人（これらの者の親族を含む。）
　　　の契約。

(7)　払戻金
　　　保険料は掛け捨てであり、いわゆる満期保険金はないが、保険契約の
　　　失効、告知義務違反による解除及び解約等の場合には、保険料の払込期

間に応じた所定の払戻金が保険契約者に払い戻されることがある。

（注）　上記の払戻金は、保険期間が長期にわたるため、高齢化するにつれて
　　　高まる保険事故の発生率等に対して、平準化した保険料を算出している
　　　ことにより払い戻されるものである。

2　保険料の税務上の取扱い

　法人が「がん保険」に加入してその保険料を支払った場合には、次に掲げる保険料の払込期間の区分等に応じ、それぞれ次のとおり取り扱う。

(1)　終身払込の場合

　イ　前払期間

　　　加入時の年齢から105歳までの期間を計算上の保険期間（以下「保険期間」という。）とし、当該保険期間開始の時から当該保険期間の50％に相当する期間（以下「前払期間」という。）を経過するまでの期間にあっては、各年の支払保険料の額のうち2分の1に相当する金額を前払金等として資産に計上し、残額については損金の額に算入する。

　　（注）　前払期間に1年未満の端数がある場合には、その端数を切り捨てた期間を前払期間とする。

　ロ　前払期間経過後の期間

　　　保険期間のうち前払期間を経過した後の期間にあっては、各年の支払保険料の額を損金の額に算入するとともに、次の算式により計算した金額を、イによる資産計上額の累計額（既にこのロの処理により取り崩した金額を除く。）から取り崩して損金の額に算入する。

　　［算　式］

$$\text{資産計上額の累計額} \times \frac{1}{105 - \text{前払期間経過年齢}} = \text{損金算入額（年額）}$$

　　（注）　前払期間経過年齢とは、被保険者の加入時年齢に前払期間の年数を加算した年齢をいう。

(2)　有期払込（一時払を含む。）の場合

　イ　前払期間

　　　保険期間のうち前払期間を経過するまでの期間にあっては、次に掲げ

る期間の区分に応じ、それぞれ次に定める処理を行う。

① 保険料払込期間が終了するまでの期間

次の算式により計算した金額（以下「当期分保険料」という。）を算出し、各年の支払保険料の額のうち、当期分保険料の2分の1に相当する金額と当期分保険料を超える金額を前払金等として資産に計上し、残額については損金の額に算入する。

［算　式］

$$支払保険料（年額）× \frac{保険料払込期間}{保険期間} = 当期分保険料（年額）$$

（注）　保険料払込方法が一時払の場合には、その一時払による支払保険料を上記算式の「支払保険料（年額）」とし、「保険料払込期間」を1として計算する。

② 保険料払込期間が終了した後の期間

当期分保険料の2分の1に相当する金額を、①による資産計上額の累計額（既にこの②の処理により取り崩した金額を除く。）から取り崩して損金の額に算入する。

ロ　前払期間経過後の期間

保険期間のうち前払期間を経過した後の期間にあっては、次に掲げる期間の区分に応じ、それぞれ次に定める処理を行う。

① 保険料払込期間が終了するまでの期間

各年の支払保険料の額のうち、当期分保険料を超える金額を前払金等として資産に計上し、残額については損金の額に算入する。

また、次の算式により計算した金額（以下「取崩損金算入額」という。）を、イの①による資産計上額の累計額（既にこの①の処理により取り崩した金額を除く。）から取り崩して損金の額に算入する。

［算　式］

$$\left(\frac{当期分保険料}{2} × 前払期間 \right) × \frac{1}{105 - 前払期間経過年齢} = 取崩損金算入額$$

②　保険料払込期間が終了した後の期間

当期分保険料の金額と取崩損金算入額を、イ及びこのロの①による資産計上額の累計額（既にイの②及びこのロの処理により取り崩した金額を除く。）から取り崩して損金の額に算入する。

(3)　例外的取扱い

保険契約の解約等において払戻金のないもの（保険料払込期間が有期払込であり、保険料払込期間が終了した後の解約等においてごく小額の払戻金がある契約を含む。）である場合には、上記(1)及び(2)にかかわらず、保険料の払込の都度当該保険料を損金の額に算入する。

3　適用関係

上記2の取扱いは、平成24年4月27日以後の契約に係る「がん保険」の保険料について適用する。

8 重要判決・裁決

〈判決〉

○ 同族会社が、その役員を被保険者、被保険者死亡の場合の保険金受取
人を会社とする生命保険契約を締結し、この保険契約に基づいて会社が
取得する保険金と同額を当該死亡役員の退職給与金として支給する場合
であっても、その額が適正額より多額であると認められる場合は、過大
額については法人税法31条の3の規定が適用されるものと解するのが相
当である。

昭31.12.24　大阪地裁昭30（行）74

※　要旨中の法人税法31条の3は、現行法人税法132条

○ 役員退職給与の損金性は、役員の法人に対する役員としての役務提供
による貢献度によって決せられるべきものであるから、退職給与の支給
とその原資とは切り離して考えるべきであり、その原資が当該役員の死
亡を原因として支払われた生命保険金であるからといって、当然に支給
額の全部又は一部が相当な額として損金に算入されるべき理由はないと
された事例。

昭62.4.16　長野地裁昭56（行ウ）12

○ 保険金収入と同額の金員を当該死亡役員の退職給与として支給した場
合であっても、利益金としての保険金収入と、損金としての退職金支給
とは、それぞれ別個に考えるべきものであるし、一般に会社が役員を被
保険者とする生命保険契約を締結するのは、永年勤続の後に退職する役
員に退職給与金を支給する必要を充足するためと、役員の死亡により受
けることがある経営上の損失を塡補するためであるというべきであるか
ら、会社が取得した保険金中、当該役員の退職給与の適正額より多額で
あると認められる部分は、役員の死亡により会社の受ける経営上の損失
の塡補のために会社に留保されるべきものである。したがって、課税庁
が保険金の支払の有無を当該死亡役員に対する退職給与の適正額算定の
資料として特段の斟酌をしていないとしても、これをもって、不当な算
定方法であるということはできない。

昭63.9.30　静岡地裁昭60（行ウ）9、平元.1.23　東京高等63（行コ）

61

○ 法人がその役員又は部課長その他の使用人を被保険者として生命保険に加入する事例がみられるが、その目的は、これによって死亡退職する役員等に対して支払うことになる弔慰金、退職金等の原資を確保するとともに、役員の死亡により受けることがある法人の経営上の損失を補填することにあると解されるところ、このことは傷害特約に係る保険金についても異なるものではない。したがって、被保険者が死亡した場合に支払われる生命保険金は、法人が保険金受取人であれば当然に当該法人に帰属するのであり、傷害特約による保険金であるからといって、当然に被保険者に帰属すると解すべきいわれはない。

　また、法人が退職した役員に対して支払う金銭は、それが在職中の功労に報いるものと認められる以上、その原資や支払の名目如何にかかわらず、法人税法第36条にいう役員退職給与に該当すると解されるとして、不相当に高額な部分の損金算入を認めないことは相当であるとされた事例

　平3.9.30　浦和地裁平2（行ウ）14

○ 利益金としての保険金収入と、損金としての退職給与金の支給とは、それぞれ別個に考えるべきものであり、会社が役員を被保険者とする生命保険契約を締結するのは、永年勤務の後に退職する役員に退職給与金を支給する必要を充足するためのほか、役員の死亡による経営上の損失を補填するためであるというべきであるから、会社が取得した保険金中、当該役員の退職給与の相当な額より多額であると認められる部分は、役員の死亡により会社の受ける経営上の損失の補填のために会社に留保されなければならないというべきである。したがって、保険金を原資としたことを役員退職給与の相当額算定の資料として考慮しなかった被告（課税庁）の算定方法が不合理であるとは言えない。

　平5.6.29　高松地裁平4（行ウ）2

○ 一般的な保険契約から生ずる役務提供とその対価のずれを調整し、期間損益計算の適正を図るためには支払保険料のうち次期以降の期間の役務提供と対応すべき金額を前払費用に計上する必要があるとされた事例。

平7.4.25　高松地裁平3（行ウ）3

○　介護費用保険は、役務提供の程度が時の経過に対して均等ではないが、他方、保険料の支払額が保険料支払期間を通して年額は月額で一定になるように設計されている（平準化）ため、一定の年齢に達するまで解約返戻金が予定されていることから、法人が一時払の方法により支払った保険料は、収益に対応する費用として適正に期間配分する必要があるとされた事例。

平7.4.25　高松地裁平3（行ウ）3

○　介護費用保険料が一時払いであっても、解約返戻金が存在する場合には、保険料を支払った法人は純粋に保険効果を期待して契約するだけではなく、投資的な効果も期待しているとみるのが相当であるから、支払保険料は、純粋に保険効果を期待した部分と投資効果を期待した部分からなるといえるので、後者の部分について支払時に一括して損金処理することは認められないとされた事例。

平7.4.25　高松地裁平3（行ウ）3

○　法人が一時払いした介護費用保険の保険料は、収益に対応する費用として適正に期間配分する必要があるとされた事例。

平7.4.25　高松地裁平3（行ウ）3

○　介護費用保険に係る一時払保険料の損金算入につき、被保険者が75歳となった以後は契約を解約しても解約返戻金はないとされていることから、保険料払込期間を加入時から75歳までの期間と仮定して、その期間の経過に応じて、期間経過分の保険料について損金の額に算入すべきであるとされた事例。

平7.4.25　高松地裁平3（行ウ）3

○　介護費用保険に係る一時払保険料は、将来の払込期日が到来する毎に保険料の払込に充当するものとして支払われるのではなく、また、保険事故が生じても未経過保険料の返還はないから、前払費用に当たらない旨の原告会社の主張が、収益と費用が対応関係にあり、適正に期間配分

されなければならないことは当然の前提であり、企業会計原則注解5にあるとおり、一定の契約に従い、継続して役務の提供を受ける場合であれば、一時払いでも前納払いでも、前払費用となるから保険会社が保険料をどのように充当するかは関係ないとして排斥された事例。

平7.4.25　高松地裁平3（行ウ）3

○　介護費用保険の解約返戻金相当額は将来解約するとき実現する収益であり、これを前もって一時払保険料から控除することは、未実現収益を計上することになるとの原告会社の主張が、支払保険料の中に投資的部分があるのは明らかであるとして排斥された事例。

平7.4.25　高松地裁平3（行ウ）3

○　介護費用保険の一時払保険料を前払費用として処理すること、前払費用として区分する金額があいまいで信頼性に乏しく、解約返戻金の実現は不確実であるから、重要性のあるものといえず前払経理する必要がない旨の原告会社の主張が、原告会社は係争事業年度の確定申告期限までに、国税庁長官通達「法人または個人事業者が支払う介護費用保険料の取扱いについて」の内容を知り得たのであるから、前払費用の合理的な算定は不可能ではなく、前払費用として資産に計上すべき金額は、原告会社の申告所得金額と対比しても重要性がないとは到底いえないとして排斥された事例。

平7.4.25　高松地裁平3（行ウ）3

○　課税庁は、掛け捨てで解約返戻金がある生命保険でありながら、介護費用保険については支払保険料の一部を資産計上することとし、逓増定期保険特約付定期保険については、支払保険料の全額を損金算入できることとしており、解釈が統一されていないとの原告会社の主張が、右定期保険においても、長期平準定期保険に該当しないもののみ、年払いの支払保険料の全額を損金算入できることとしていることなどから、多様な会計処理がなされているとまでは認められないとして排斥された事例。

平7.4.25　高松地裁平3（行ウ）3

○　死亡保険金の入金と退職慰労金等の支払は、乙の死亡という原因に起

因して同時に発生している（費用・収益対応の原則）とともに、本件退職慰労金等は、生前、原告会社が乙を被保険者、原告会社を契約者として契約していた生命保険契約に基づく死亡保険金を原資に、役員規定に基づいて計算したものであり、その費用・収益は強い関連性を有し対応しているとの原告会社の主張が、死亡保険金は生命保険契約に基づいて支払われるものであるから、退職慰労金等の支払と費用・収益として対応しているとは認められないとして排斥された。

平16.3.17　水戸地裁平14（行ウ）3、平19.9.14　東京高裁平16（行コ）169

〈裁決〉

○　養老保険契約は、万一の場合の保障と貯蓄との二面性のある保険契約であって、保険金受取人である従業員は、保険事故の発生又は保険期間の満了の際には当然に保険契約上の利益、すなわち保険金請求権を自己固有の権利として原始的に取得するものであり、請求人はその報酬として保険者に対し本件保険料を支払い損金に算入していることから、当該従業員は本件保険料相当額の経済的利益を享受していると認めるのが相当であり、本件保険料の額を給与所得の収入金額と認定し、源泉所得税の納税告知をした原処分は違法とはいえない。

昭61.11.28　裁決　裁決事例集No.32

○　請求人は、本件養老保険契約に係る被保険者について、①勤続年数15年以上、②年齢40歳以上、③定年までの定着度の各要件を総合勘案して、各職種より選定した旨主張するが、1名のやむを得ない例外を除いては主任以上の全従事員が被保険者となっており、保険加入の対象者として主任以上の基準を設けていたことが推認される。

　ところで、請求人においては、主任とは役職名の一つであって、役職の任免は請求人の業務運営上の必要に応じて行われるものとされており、必ずしもすべての従事員が主任以上の役付者になれるとは限らず、また、課長又は主任に任命されていない者で勤続年数15年以上かつ年齢40歳以上の者が3人認められることからみると、全従事員がその恩恵に浴する機会を与えられているとは認められない。

　したがって、本件保険契約については、全従業員がその恩恵に浴する

機会が与えられているとは認められず、支払った保険料は、被保険者に
対する給与とすることが相当である。
平成5.8.24　裁決　裁決事例集No.46

○　原処分庁は、契約者を請求人、被保険者を従業員等、死亡保険金の受
取人を請求人の従業員等の遺族、満期保険金の受取人を請求人とする生
命保険契約に係る支払保険料は、当該保険契約の締結に当たり、(1)従業
員等の事前の同意がないこと、(2)中途解約を意図したものであること、
(3)福利厚生目的はなく、課税の繰延べ等を目的としたものであることか
ら、その全額を資産に計上すべきである旨主張する。しかしながら、養
老保険の保険料について定めた法基通9－3－4の取扱いは、特段の事
情がない限り相当であると認められるところ、本件においては、(1)従業
員等の事前の同意がなかったと断定できないこと、(2)中途解約を意図し
ていたと断定できないこと、(3)投資のみを目的としたものであると断定
できないことから、請求人が課税の繰延べをも意図して加入したことは
窺えるものの、従業員等に対する福利厚生に資するために加入したもの
ではないと断定するには無理があり、原処分庁の主張には合理的理由が
認められず、契約の効力発生に何らの問題がない以上、危険保険料部分
として支払保険料の2分の1相当額を損金の額に算入することは相当で
ある。
平8.7.4　裁決　裁決事例集未登載

○　請求人は、H社の企業年金プランのうち、米国内国歳入法第401条k
項に規定する年金プランに加入し、掛金を拠出しているが、①当該掛金
は、内国歳入法においては拠出時の給与の減額とされ、将来の年金受給
時に課税されるものであること、②当該掛金は、請求人に現金等で支給
されず、請求人が管理、支配できない給付に該当するものであること及
び③請求人が将来米国の居住者として受給する年金の一部である掛金に
課税することは、日米租税条約第23条(1)及び同条約の目的である「反二
重課税」に反することから、我が国においては拠出時の給与として課税
すべきではない旨主張する。
　しかしながら、401kプランの掛金として拠出するか又は給与として
現金で受け取るかは請求人の任意であること、更に401kプランの掛金

とする場合であっても、拠出割合及び投資対象については請求人の判断と責任において選択することとされていることなどから判断すると、本件掛金は、請求人がH社の使用人としての地位に基づいて役務の提供の対価として受け取った給与を請求人の意思と判断により、401kプランの掛金として拠出したものと認めるのが相当であり、本件掛金相当額は、所得税法第36条の規定により、各種所得の金額の計算上収入金額とすべき金額又は総収入金額に算入すべき金額に該当し、同法第28条第1項の規定により、給与所得に該当するものと認められる。

平10.6.25　裁決　裁決事例集No.55

○　請求人は、保険契約者を請求人、被保険者を全使用人とする介護費用保険契約に基づき、一時払した本件介護費用保険料を期末賞与として支払した事業年度の損金の額に算入したのは、本件介護費用保険通達では、保険料の額を使用人の給与とした場合は、本件介護費用保険通達の適用を除くことを基本姿勢としており、これにのっとり賞与としたものであること、また、その保険料の額が一部（特定）の者に対する給与となる場合は、当該通達が適用にならないことから、一部の者の集合である全員に対する給与とした場合でも、当該通達の適用はない旨主張する。しかしながら、本件介護費用保険通達では、基本的に福利厚生費として損金性を認めているところ、特定の使用人のみを被保険者としている場合は、その保険料の額をその特定の使用人に経済的利益を与えたとみて給与所得の収入金額として課税が行われることとなり、その場合は、当該通達の適用がないと認められるものの、使用人の全員を介護費用保険に加入させた場合は、たとえ法人の会計処理において給与として所得税の課税対象としていたとしても、福利厚生費としての性格が変わるものではないと解するのが相当であり、請求人の主張は採用できない。また、①使用人に交付した賞与明細書には、現金支給額の記載はあるものの、本件介護費用保険料分の記載がないこと、②本件介護費用保険料については、支給基準がないこと、③保険証券は請求人が保管管理しており、使用人が自由に処分できる状態にないこと及び④請求人が任意で本件介護費用保険を解約できることなどの事実を併せ考えると、本件介護費用保険料を賞与として各使用人に支給したとする請求人の会計処理は、一般に公正妥当なものとは認められない。以上のことから、本件介護費用

保険料について、本件介護費用保険通達が適用されるとした更正処分は適法である。

平12.3.21　裁決　裁決事例集未登載

○　原処分庁は、本件各生命保険契約に係る保険料の損金算入につきは、本件各契約が福利厚生目的で締結されたものでもなく、その必要性及び経済的合理性も認められず、不当に税負担を軽減し適正・公平な課税を困難ならしめるものであるから、法人税法第22条第4項に規定する一般に公正妥当と認められる会計基準とはいえず、形式的には、損金の額に算入することを認める本件各生命保険通達の要件を充たしていても当該通達の適用はできないから、その全額を保険積立金に資産計上すべきである旨主張する。しかしながら、本件各生命保険契約を締結しなかった場合と比較した法人税の減少をもって不当な税負担の軽減ということはできず、また、請求人が実質の税負担や解約返戻金を検討した上で本件各契約を締結したことも、経営者としての経営判断であると認められ、さらに、本件各生命保険通達を適用した会計処理は法人税法第22条第4項に規定する一般に公正妥当と認められる会計基準に従ったものであるということができるから、原処分はその全額を取り消すのが相当である。

平14.6.10　裁決　裁決事例集未登載

○　請求人が保険金を受領することと、見舞金の引き当てとして保険に加入し、これを原資として見舞金を支払うこととは本来全く別個の問題であると解すべきであり、法人税法上、福利厚生費としての見舞金が損金の額に算入されるか否かは、当該見舞金の額が社会通念上相当であるか否かにより判断されるものであり、会社規定に従って支払われたものかどうか及び見舞金の原資のいかん並びに会社規定の作成過程及び保険契約の締結過程のいかんによって左右されるものではないとされた事例。

平14.6.13　裁決　裁決事例集No.63

○　請求人は、養老保険の転換が翌事業年度において無効となり転換時にさかのぼって取り消されたことを理由として、請求人には収益が発生していない旨主張する。

　しかしながら、契約転換については、本件事業年度中において有効に

成立しており、本件事業年度末までに取り消された事実はないことから、本件契約転換により発生した収益及び費用の額についてはその転換があった日を含む事業年度の収益及び費用の額として会計処理を行う必要がある。

平14.12.19　裁決　裁決事例集No.64

○　請求人は、保険会社との白蟻防除施工に係る保険契約に基づく支払保険料（以下「本件保険料」という。）について、①本件保険料に係る保険契約と生産物保険契約は同一性を有しており、生産物保険契約の保険料は支払時に全額を損金の額に算入することが認められている、また、②本件保険料は白蟻防除施工に係る売上高に対応する原価であるとして、本件保険料も支払時に全額を損金の額に算入することが認められるべきである旨主張する。しかしながら、本件保険料は、請求人が白蟻防除施工完了後自ら負担することとなる損害賠償責任を補填するため自己を被保険者として支払うものであり、請求人の販売費、一般管理費に該当するものと認められ、顧客に対して保証した期間（5年間）と同一の期間にわたり発生した損害をてん補するものであるから、本件保険料のうち、その支払った日の属する事業年度終了の日においてまだ提供を受けていない役務に対する部分の金額は前払費用として期間対応により保険サービスを受ける事業年度において費用計上されることになる。よって、本件保険料は、支払時にその全額を当該事業年度の損金の額に算入することはできない。

平22.2.15　裁決　裁決事例集No.79

○　医療法人である請求人を契約者とし、理事長及び常務理事を被保険者とする養老保険に加入した。死亡保険金はそれぞれ5,000万円であり、職員を被保険者とする死亡保険金は500万円である。その後請求人は、職員を被保険者とする養老保険を解約し、死亡保険金600万のがん入院保険に加入した。

　　上記の養老保険契約の死亡保険金は、理事長等と職員の間に4,500万円もの差があり、また、上記養老保険契約とがん入院保険契約を単純に比較できないとしても死亡保険金のみ比較した場合でも4,400万円もの差があります。請求人はこれほどの大きな格差が存する理由について、

　理事長及び常務理事は、病院の経営に生涯責任を持ち、請求人の借入金の保証人になっているからである旨主張するところ、確かに、理事長等が他の職員とは質的に異なる重い責任を負っているということができる。

　しかしながら、請求人が主張する諸事情は、他の法規制等に低触しない限りにおいて給与等に大きな格差を設けることの根拠にはなり得るとしても、所得税基本通達36−31の趣旨や「職種、年齢、勤続年数等」という列挙事由に照らせば、他に特別の事情のない限り、福利厚生を目的として、死亡保険金に大きな格差を設けることの合理的な根拠にはならないというべきである。

　本件保険契約に基づき請求人が支払う保険料のうち2分の1部分にはもはや一種の福利厚生費としての性格が欠如しているといえるのであって、所得税基本通達36−31の（注）2の(1)に定める「職種、年齢、勤続年数等に応ずる合理的な基準により、普遍的に設けられた格差であると認められるとき」には該当しないというべきである。

平27.6.19　裁決　裁決事例集未登載

○　請求人が損金の額に算入した支払保険料のうち原処分庁が退職した従業員を被保険者とするがん保険契約等に係る支払保険料については請求人の業務との関連性が認められないことから損金の額に算入できないとしたが、従業員の福利厚生を目的として、治療費補助等制度に基づく見舞金等又は弔慰金の原資として締結したがん保険契約及び生活保障型保険契約に係る退職者支払保険料は、請求人の業務との関連性を有し、業務の遂行に必要と認められた場合に損金の額に算入することができる。

　具体的に、がん保険契約は従業員の福利厚生を目的として治療費補助制度に基づく見舞金等又は弔慰金の原資とするために締結したもので、がん規程にも退職後5年間は支払うことを約束している。生活補償保険契約も、従業員等の福利厚生を目的として就業規則、賃金規程や生活保障型保険に基づき所定の金額を支払う原資とするために締結している。そして、就業困難な場合や退職やむなきに至った場合、受取保険金を原資として退職者に支払うことを約している。

　また、当該受取保険金及び受取解約返戻金等に係る支払保険料は、当該収益獲得のために費消された財貨と認められることから、この点からも本件退職者支払保険料は損金の額に算入できるとすることが相当であ

る。
平29.12.12　裁決　裁決事例集未登載

〔索　引〕

〔**参考文献及び資料等**〕

鈴木博　編「法人税重要項目詳解」（大蔵財務協会）

髙橋正朗　編著「法人税基本通達逐条解説」十訂版（税務研究会）

税のしるべ総局編集部編「企業と生命保険をめぐる税務」（大蔵財務協会）

税のしるべ総局編集部編「損害保険と税金」（大蔵財務協会）

岩本昌悟　他共著「年金・退職金の改革ができる本」（同文舘出版）

尾崎俊雄「確定拠出年金（日本版401k）の概要」（週刊税務通信　No. 2693－16頁以下）

安河内誠「確定拠出年金法の制定に伴う税制上の措置について（所得税関係）」（週刊税務通信　No. 2695－22頁以下）

「国税庁 解約返戻金のない定期保険の取扱いを公表」（週刊税務通信No. 2698－3頁以下）

小畑孝雄「会社役員賠償責任保険の保険料の税務上の取扱いについて」（国税速報No. 4627－4頁以下）

野田秀樹「Ｄ＆Ｏ保険（会社役員賠償責任保険）に係る税務上の取扱い」（国税速報No. 6646－30頁以下）

国税庁ホームページ

国税不服審判所ホームページ

厚生労働省ホームページ

中村　慈美（なかむらよしみ）

著者略歴

昭和54年3月　中央大学商学部経営学科卒業

平成9年7月　国税庁課税部審理室プロジェクトチーフ（再建支援担当）

平成10年8月　税理士登録

平成17年4月　中央大学専門職大学院国際会計研究科特任教授（平成20年3月退任）

平成18年1月　経済産業省産業構造審議会臨時委員（平成19年1月退任）

平成20年5月　全国事業再生・事業承継税理士ネットワーク代表幹事

平成22年4月　一橋大学法科大学院非常勤講師
　　　　　　　公益社団法人日本租税研究協会法人税研究会専門家委員

平成24年7月　整理回収機構企業再生検討委員会委員

平成25年8月　日本商工会議所・一般社団法人全国銀行協会共催経営者
　　　　　　　保証に関するガイドライン研究会委員

平成27年4月　文京学院大学大学院経営学研究科特任教授

主な著書等

・『図解 組織再編税制』（著、大蔵財務協会、2021年）

・『図解グループ法人課税』（著、大蔵財務協会、2021年）

・『貸倒損失・債権譲渡の税務処理早わかり』（著、大蔵財務協会、2020年）

・『新株予約権ハンドブック』（共編著、商事法務、2018年）

・『法的整理計画策定の実務』（共著、商事法務、2016年）

・『不良債権処理と再生の税務』（著、大蔵財務協会、2012年）

・『企業倒産・事業再生の上手な対処法』（共著、民事法研究会、2011年）

・『企業組織再編の法人税務』（共編著、大蔵財務協会、2010年）

樋口　翔太 (ひぐちしょうた)

著者略歴

平成24年3月　産業能率大学情報マネジメント学部卒業

令和2年3月　文京学院大学大学院経営学研究科修了

令和2年8月　税理士登録

令和3年12月　曙橋税法研究会会員

主な著書等

・『図解中小企業税制』（共著、大蔵財務協会、2021年）

・『法人税重要計算ハンドブック』（共著、中央経済社、2021年）

・『月刊税理』VOL.63 No.16「法人税務ハンドブック」（共著、ぎょうせい、2021年）

・『協同組合ニュース』No.149「税務上の貸倒損失についての解説」（著、公認会計士協同組合、2021年）

・『税経通信』VOL.75 No.12「法律の規定による貸倒れの内容と留意点（著、税務経理協会、2020年）

企業の保険をめぐる税務

令和4年2月17日　初版印刷
令和4年3月3日　初版発行

不　許
複　製

著　者　中　村　慈　美
　　　　樋　口　翔　太
(一財)大蔵財務協会　理事長
発行者　木　村　幸　俊

発行所　一般財団法人　大蔵財務協会
〔郵便番号130-8585〕
東京都墨田区東駒形1丁目14番1号
TEL　(販　売　部)03(3829)4141
　　　(出版編集部)03(3829)4142
FAX　(販　売　部)03(3829)4001
　　　(出版編集部)03(3829)4005
http://www.zaikyo.or.jp

落丁・乱丁はお取替えいたします。　　　　　印刷・恵友社
ISBN978-4-7547-2988-2